心領神會

體驗世界宗教博物館

編著◎陳世賢

世界宗教博物館
MUSEUM OF WORLD RELIGIONS

諸神花園的嚮導

《心領神會——體驗世界宗教博物館》是陳世賢先生編著的近作。本書首先介紹心道法師推動愛心與宗教包容的夢想，創立宗教博物館的宏願。寫作方法以世界宗教博物館的展覽場地與展覽物品爲綱目與主軸，充滿生命力與歷程的節奏與動感，配合文字說明與圖像資料靜態的內容；動靜得宜，縱橫交織，作者匠心獨運，諸神花園的趣味，盡在其中。

誠如作者所說，本書不是比較宗教學的學術性著作，本書的特色在於生命智慧的激發，喚起靈性生命的覺醒與共鳴，達到事事無礙，處處感通的華嚴世界。雖然如此，本書仍一本博物館的特色，提供讀者大量參考的資訊，作進一步研究的素材；如果本書的內容與讀者過去所知的不盡相同，可能是作者依據不同的資料來源使然，多元的理解正是交流的開始，值得肯定與尊重。

一座好的博物館，需要一個好的嚮導，以收畫龍點睛的效果。本書構思精緻，層次分明，行文流暢，圖像資料豐富，編印精美；讀者倘能放下緊張的日常生活，以及對別人宗教的排斥心理，讓作者帶領您進入諸神的花園，在其中漫步，瀏覽，與品嚐，更具效果。

世界宗教博物館的成立是臺灣社會與宗教界的一大盛事，所有關心全人教育與生命教育的人士亦握手慶幸。博物館開幕前夕，范敏眞主任與作者陳世賢先生索稿於我，筆者對心道法師創立博物館的宏願，心儀已久；因此，本共襄盛舉的心，樂意爲之審定成序。

輔仁大學宗教學系主任
陳德光

體驗宗教——世界宗教博物館巡禮

古往今來，每一個人都嚮往無窮和無盡，但最終還是發現人的「存在」是極其有限的，而且存在本身已超出人的知識範圍；為了安頓人生，有些人以理性和俗世的經驗生活，有些人皈依於某一宗教、信仰，使生活得到期盼、喜悅和超越。

雖然哲學家、神學家、宗教學者或人類社會學者都在談論什麼是「宗教」？眾說紛紜、莫衷一是，實在罄竹難書。但都同意宗教的存在自古已然，並且是普世存在的事實。即使今日科技進步、物質生活不虞匱乏，宗教還是繼續蓬勃發展一如以往；雖然科學能解釋宇宙、自然的現象，宗教卻可以建構人與超自然之間的關係，使心靈得以安頓、使人生的旅程得到終極的關懷。

世界宗教博物館的展示結構包含兩個軸向：「宗教的世界」和「世界的宗教」，不僅試圖呈現宗教的內涵、有信仰宗教的人之內面世界，更企圖展現古今中外的各派正信宗教。從過去人類發展歷史看，每一個地方每一個民族都有自己傳統的信仰，真誠敬拜自己所歸屬的神；但因護教心理和主觀的意識，排斥、拒絕其他的宗教，甚至發生敵對的衝突、壓迫、殺戮、造成不幸和悲劇。所以博物館的展示主題，依循著一個重要的思維鋪陳，就是提供一種理性和開放的態度，鼓勵體驗、學習宗教與宗教之間彼此平等的對話、交流、合作、扶持，增進相互的瞭解與包容。這就是創辦博物館的基本理念：尊重每個信仰、包容每個族群、博愛每個生命的具體實踐，我們才有機會讓唯一居住的地球免於沉淪、重建愛與和平的新道德秩序。

本書不同於一般的教科書、學術報告、文學創作、旅遊指南或宣教讀本，而是一本好的「博物館的書」，把世界宗教的精神性和莊嚴性與讀者溝通，將博物館展示主題及內容等資訊完整羅列，提供給觀眾參觀時的真實情境；作者小心避開自己的宗教信仰觀點之詮釋，卻能傳達了宗教感動的經驗，而不是一些抽象觀念或理論論述；對流傳於印

度、中東及西方傳統的宗教雖不是很熟悉，但蒐羅閱讀豐富的參考資料之後加以求證轉化，使閱讀者易於理解體會；還有作者的行腳閱歷遍及於台灣民間信仰，像一位熱心的導遊急切的帶你去遊覽，卻不會忘記附近的美食名產。雖然文辭之中偶然會迸出比較激動的語氣，埋怨我們教育體制中缺少宗教教育課程，批評中依然真誠。

作者在前言中提到：「我們不比較宗教，只是期待與你分享我們在宗教信仰上所體驗到的美妙感受，一覽各宗教的偉大智慧。」是的，本書所要呈現的是各大宗教的偉大智慧及最佳面貌，如同珠玉之網中的那顆明珠。

這是一本可臥可遊的書，不只參觀世界宗教博物館時必備的深度導覽書，也是參觀博物館後應該帶回去讓家人朋友分享的書；尚未來宗博一訪的人士一樣的可以從書中親近宗教、體驗博物館所典藏的文化、藝術之經典。

宗博元年在十萬個祝福中開館，宗博謹以本書獻給二千萬愛與和平的護持者。

世界宗教博物館執行顧問
國立台北藝術大學傳統藝術研究所所長
江韶瑩

世界宗教史入門書

陳世賢先生目前在「世界宗教博物館」服務，他是一位研究宗教比較學的學者，由於本人曾經在該館刊物發表過一些文字，因此和陳先生有了交往。

他最近將出版一本新作，要我寫一篇新書推薦，他這本新著「心領神會」，書名讀來雖然帶有濃厚文學性，可是翻開了書本瀏覽內容，竟是一本圖文並茂、編排新穎的「世界宗教史」。無疑地，這本新著不特是研究宗教最佳的入門書，也是現代人必具的新知識。

我非常高興，能有機會給這本書作序。

藝術家、人類學者、冒險家
劉其偉教授

目錄

Faith

Devoutness

Wisdom

Bressing

Goodness

Prayer

 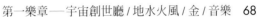
Joy

世界宗教博物館館區示意圖

台灣
曾經創造過舉世聞名的經濟奇蹟、與政治奇蹟
在邁入新世紀的今天
台灣即將創造出第三個奇蹟──宗教奇蹟
因為台灣有「世界宗教博物館」
這裡懷抱著眾人與神的智慧
想必你也有你的看法
於是
我們滿心歡喜的迎接
你我之間
對話的開始

24   14

15
特展區   24

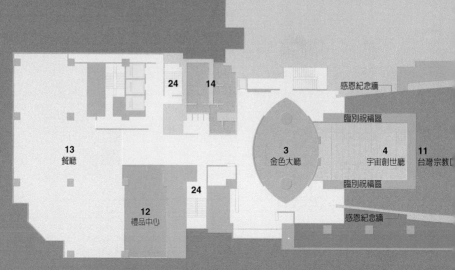

24   14

感恩紀念牆

臨別祝福區

13   3   4   11
餐廳   金色大廳   宇宙創世廳 台灣宗教[

臨別祝福區

24

12
禮品中心   感恩紀念牆

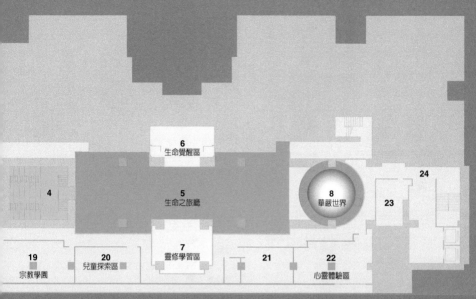

6
生命覺醒區

4

5
生命之旅廳

8
華嚴世界

24

23

19
宗教學園

20
兒童探索區

7
靈修學習區

21

22
心靈體驗區

六樓空間平面圖

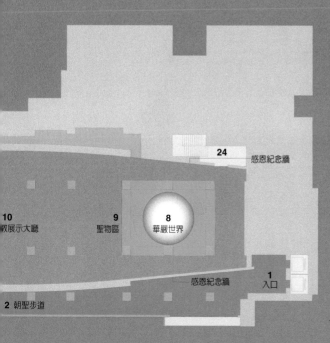

24 感恩紀念牆

10
嚴展示大廳

9
聖物區

8
華嚴世界

1
入口

感恩紀念牆

2 朝聖步道

七樓空間平面圖

耶路撒冷天主教堂穹蒼圓頂上的十字架，光線透過玻璃彩繪，呈現出難以言喻的神秘美感。

壹 諸神花園

心中的宇宙
明月鏡中的山河影。

——詩人宗白華《斷句》1897-1986

師父的大夢

翻開人類的歷史，宗教幾乎是隨處可見的主要命題。但是談起宗教，卻總叫人又愛又怕。愛的是祂的慈悲智慧；怕的是祂的絕對，毫無彈性的絕對。

世界上的宗教多如繁星，人們光是爭論神、上帝或造物者這類的字眼就已經吵了幾千年，外加上一大堆的宗教禁忌與懲罰，還有錯綜複雜但無法言說的神秘，著實教「人」頭皮發麻。看來只有神，才能瞭解神。但奇妙的是，當我們脆弱時呼求祂，祂似乎又真實的存在陪伴著我們，放眼所及的萬事萬物，到處閃耀著神性的光芒，雖不可解，但卻讓人無比感動。「神」彷彿擁有一種無所不能的力量，以超越凡人所能理解的智慧在掌握著一切。於是人們歌頌、舞蹈、並用各種方式企盼能接近祂的神聖與莊嚴，期待得到祂的祝福，於是多少藝術作品因祂而創生、多少可歌可泣的偉大事蹟因祂而傳唱，人們的生命有了重心、社會的規範開始有了準則。不過，如果只是將宗教簡約成一種道德規範，那未免就太小看神的影響力了。

此地為土耳其境內的聖蘇菲亞教堂，曾先後為天主教教堂及伊斯蘭教清真寺，現在則以博物館的身份，和諧地融合了兩大宗教的藝術特色，神采飛揚、相互輝映。

而從另一方面來看宗教，「人為的宗教衝突」簡直到了剪不斷、理還亂的程度。拿二十一世紀前的耶路撒冷來說，身為猶太教、伊斯蘭教、基督宗教三大宗教聖城的這塊土地，應該是極神聖、極莊嚴的，但結果卻正好相反，耶路撒冷染滿鮮血、承載了最多的殘酷殺戮，不同教派間各據一方、彼此仇視征戰千年，甚至同樣是信奉耶穌基督的幾個不同基督教團，光是決定誰才有資格主持復活節儀式也要爭個你死我活。我們很難理解一個講求善美的宗教，怎麼可能需要憑靠殺戮與迫害才能完成呢？雖然我們不知道上帝、耶穌、安拉他們對於此事有何看法？但從各教經典裡的記載發現，祂們所倡導的都是愛與和平呀！

「你們務要常存弟兄相愛的心。」《希伯來書十三》

「你們都要同心、彼此體恤，相愛如弟兄，存慈憐謙卑的心。」《彼得前書三》

「夫慈以戰則勝，以守則固。天將救之，以慈衛之。」《道德經三寶章》

「你們要給人方便，不要給人困難；要給人報喜訊，不要給人恐怖。」穆罕默德說。

「大慈與一切眾生樂，大悲拔一切眾生苦；大慈以喜樂因緣與眾生，大悲以離苦因緣與眾生。」《大智度論》

其實，目前宗教衝突的發生主因在於「人」！神給了人們自由意志，但野

點一盞燈，祈願一個愛與和平的世界。圖為印度卡林朋的小喇嘛點酥油燈。

心家卻假借神的旨意來進行侵略，以滿足個人私慾。耶穌說：「你是誰，竟敢論斷別人呢？」《雅各書四》。其實在同一宗教信仰中，不乏人們光是因為對經典的解釋不同、或者繼承問題造成分裂，甚至彼此惡言相向，基督宗教、伊斯蘭教、佛教等幾個較大宗教團體無一得以倖免。我們甚至懷疑，假如耶穌、釋迦牟尼等人重新降生在現代，他們會加入那個教團？而人們會相信他們所說的話嗎？印度詩人泰戈爾說：「踐踏只會揚起塵土，不會長出花朵。」我們不禁懷念起這些宗教領袖當初創教時的偉大教訓，他們拋棄富貴榮華、無懼龐大的社會

靜靜的聽，我的心呀！聽那世界的低語，這是她對你的愛的表示呀。——印度．泰戈爾

壓力，默默地抵抗既得利益者的迫害，只希望能幫助芸芸眾生離苦得樂。於是釋迦牟尼拋棄王子的身份、耶穌被釘上十字架；祂們最關心的總是別人，祂們用一輩子的生命來替別人服務，無怨無悔做著這件勞心勞力的工作，不求任何回報。換成是你，你願意做嗎？

生命裡總有些事情是你想做的，有些事情是你應該做的，或許正是一般人認為的那種吃力不討好的事情！就像成立世界宗教博物館這碼子事，難度之高，我看只有傻瓜才會願意去做，而且還必須是有智慧的超級大傻瓜才做得來。因為他知道這件事情迫在眉睫，今天不做、明天必將後悔。

「人子來並不是要受人的服事，乃是要服事人，並且要捨命，做多人的贖價。」《馬可福音十：45》

我猜想，創辦世界宗教博物館的心

心道法師行腳世界，如華嚴經中的「善財童子五十三參」一般，向各地宗教人士學習請益，也為不同宗教間的和平對談開啟了新頁。第三排中央穿著紅色袈裟者即為心道法師。

右圖：西藏拉薩哲蚌寺曬大佛，此圖為釋迦牟尼佛。曬圖的用意有二，展示供信徒朝拜，二亦有益於圖像的保存。

人只有獻身於社會，才能找出那實際上是短暫而有風險的生命的意義。——愛因斯坦

道法師一定是在做一件想做的應該做的事！雖然可以預知博物館日後必將面對許多批評，但他仍不改其信念，就這樣一步一腳印努力了十年。我確信這個「傻和尚的大夢」，必將在歷史留下令人感動的奇蹟。

而這本書「心領神會——體驗世界宗教博物館」，就是希望幫助您瞭解這個「推愛的博物館」所欲傳達的訊息。

創造與分享

究竟世界宗教博物館要傳遞什麼訊息？為什麼不是比較宗教？而是要與您分享宗教的體驗？

其實我們也知道，就算將這本書的篇幅增加一千倍，也無法將世界上任何一個宗教介紹得詳盡；即使終身涵浸於該宗教的學者所寫出來的內容，恐怕也不免要遭到外界嚴酷的批評；至於對自己所信仰的宗教，我們尚且沒能把握在有限的時間裡有粗淺的瞭解，那我們哪來的勇氣與信心能充分介紹出世界上所有的宗教？況且，許多宗教的體驗根本是「如人飲水、冷暖自知」的內在感受，單憑人類所創造的這些有限的語言文字將如何傳達？而生命的緣起、宇宙的真理，甚至一些超乎自然的神秘現象，以人類目前所能理解的知識根本也無從解釋

每個宗教都有其獨特的宗教內涵，幾乎與當地人民的生活息息相關。圖為埃及路克索Luxor的人面獅身獸。

此為土耳其聖蘇菲亞教堂牆上的馬賽克圖像。該教堂原屬基督宗教，後因土耳其被伊斯蘭教統治而被改為清真寺，此圖像當時曾遭人以泥巴覆蓋，後來才重新被人們所發現。

了，編輯這本書怎麼看都像是一件「不可能的任務」！

我想沒有人會否認佛經、聖經、古蘭經等這些宗教經典的偉大，這些重量級的經典以文字記載著宇宙與生命的終極智慧，就像橫陳在我們面前的智慧大山，仰之彌高、鑽之彌堅，只要打開了，必將獲得。只不過，有幾個人曾經讀完整部經典？甚至願意去看看別人的宗教聖經？有幾個人敢呢？

事實上，我們生活裡的所有一切幾乎都受到信仰或多或少的影響，但是學校裡卻連最基本的宗教淺介課程都沒有，甚至某些偉大的宗教還不時會被掛上迷信的大帽子，這實在是人們莫大的損失。我們無法想像沒有儒、道、佛教的中華文化、沒有基督信仰的西方文明、沒有伊斯蘭教的阿拉伯社會、沒有印度教的印度將呈現如何的樣貌，抽掉了宗教，文明還剩下什麼？

「要創造、要分享！」創造讓文明得以繼續運動，分享讓美好的事物得以感染。所以我們野人獻曝地寫了這本書，抱著「明知不可為而為之」的態度，我們不比較宗教，只是期待與你分享我們在宗教信仰上所體驗到的美妙感受，一覽各宗教的偉大智慧。

提供一種態度

所有從事創作的人都體會過，面對

2500 年前，戴奧尼斯 Diogenes：「我不是雅典人或希臘人，我是一個世界公民。」

人神的關係維繫於虔誠的心。這名比丘坐在位於斯里蘭卡的大佛岩雕上。此岩壁佛雕已有兩千年左右的歷史。

作品，你必須先敞開自己，不斷地付出，於是作品本身便會開始與你對話並自我建構，你變成為繆司女神或某種意義的承載者，這是創造，就像摩西、老子、耶穌、釋迦牟尼、穆罕默德等先知們，他們開放自己、親睹了聖靈的面貌並獲得啓示，而這些永恆的啓示直到現在仍感動了無數的人們。

印度教：那「靈」卻顯不出光輝來，然而他可被擁有卓絕敏銳智慧的先知見到。

於是曾膏沐於宗教祝福的信者，在日出月昇、花開花落之間、在藝術、儀式、文字、音樂、雕刻、思想、甚至風俗習慣裡體驗到祂無所不在的偉大，而這就是世界宗教博物館所欲呈現的內容。從館內的「宇宙創世廳」、

「華嚴世界」、到宛如諸神花園般的「世界宗教展示大廳」，博物館希冀在此跨世紀的轉捩點上，藉由多項極具創造性的設計來展現神性，站在歷代啓示者的肩膀上，嘗試著為更美好的文明提供一個更寬廣的視野，以尊重每個信仰、包容每個族群、博愛每個生命，建立愛與和平的新紀元。讓從未在人類歷史上具體成形過的人間天堂，不再只是海市蜃樓般的夢想，所以需要這座推愛的博物館、需要這本飽含先知智慧的書，我們亦迫不及待的想與你分享這渠宗教的甘泉。

本書將以宗博館的實際參觀經驗為主軸，配合博物館的設計概念，盡量在觀眾所能接觸到範圍，提供類似百科全書式的介紹。更重要的是為你提

人們藉由一次又一次儀式的舉行，來紀念並傳達偉大先知的訊息。圖為台北孔廟祭孔大典中的六佾舞。

精神的溝通不用語言，只要兩顆充滿著愛的心。——法．羅曼羅蘭

去看、去聽、去感覺！祂就在那裡！約旦 Jordan 的佩脫拉 Petra 神殿。

供一種態度，一種開放而溫暖的態度來親近宗教，因為這確實是我們在接觸宗教時的真實體驗。

我們相信這本書值得批評的地方一定很多，我們只期許自己能當個指向月亮的小手指，重點不在手指，而是希望你能看得到月亮，並接觸到偉大的神性。

珠玉之網

在印度，有一個「因陀羅天網」的傳說，那是一張覆蓋在帝釋天的宮殿上有著絲綢般質地的網，網上每個絲絨交會處都結覆著一顆光彩奪目的寶石，而每顆寶石皆顯映出其他寶石的影像，互顯互隱、無窮無盡，象徵萬事萬物彼此都是相互依存呈現的。

記得在史坦利庫伯力克七〇年代的經典科幻電影《漫遊太空2001年》，故事的開始從人猿受到一塊不知來自何方、卻隱藏著生命秘密的黑色石碑的啟發，開始懂得使用工具，人類文明於焉開始。千萬年後，這塊石碑重新出現在月球上，人類希望挖出石碑、解開生命的迷團，沒想到太空船的電腦主機卻在此時自我覺醒，並拒絕服從任務。電影中有一幕，黑色大理石飛行在行星上空，一旁竟同時出現好幾個閃爍著璀璨光芒、如同寶石的光體。

我不知道這位導演是否聽說過印度

教「因陀羅天網」的故事，但有趣的是2001年恰巧是宗博館的開館時間，而「因陀羅天網」又剛好與宗博館發展初期的「珠玉之網」概念不謀而合，種種恰巧似乎牽繫在一絲若有似無的因緣線，像網際網路或人際間的情感一般，這些相互關連的因緣線即將在「華嚴世界」裡交織成圓。

你能體會到我們的感動嗎？你相信「一即一切、一切即一」這種說法嗎？華嚴世界會不會就是科學家在「物種同源基因」、和「全像理論」裡企盼證明的結果呢？你有一輩子的時間來找尋答案，而世界宗教博物館就是可以解答你所有生命問題的地方！宗教religion，從字根的意思就是重新連接。我們要恭喜你！因為你正在看一本受過祝福的書，書裡面的每一個體驗都發乎真情，每一句經典的箴言都是生命智慧的結晶，而它勢必能幫助你與「真理」重新連接。博物館將以迎接神明的態度期待你的到訪！

因為你、我、世界宗教博物館，都是閃亮在「華嚴世界」裡一顆顆璀璨明澈的寶石。

泰戈爾說：「總有一天，我要在別的世界的晨光裡對你唱，我以前在地球的光裡、在人們的愛裡，已經見過你了。」

蘭嶼達悟族十二人座獨木舟之下水祭典全村壯丁皆會參與。船身紋飾以人型紋、波浪紋和太陽紋為主，前方及後方各有一象

世界朝聖地

基督宗教——巴黎聖母院

巴黎聖母院（Notre Dame de Paris）建於西元 1163 年時，位於法國塞納河中的西提島，西元 1345 年完成。聖女貞德在此獲得平反；拿破崙在此行稱帝加冕禮、法國大文豪雨果於 1831 年寫成的小說《鐘樓怪人》亦是以巴黎聖母院為創作背景。

聖母院壯觀的正面裝飾著「最後的審判」、「聖母」、「聖安娜」三個大門及聖人和聖經故事的浮雕。直徑 10 公尺玫瑰花彩繪玻璃、以及欄杆上雕有各種神奇的妖怪和魔鬼的「大走廊」皆極具特色。主教堂分為四個部份：偏祭臺、耳堂、祭壇和聖器室。除了望彌撒，並可以欣賞到天主教的精美藝術文物：祭壇上的聖母抱基督的聖殤像。

猶太教——哭牆

猶太教聖地，位於以色列耶路撒冷。據《塔爾穆德》中記載，當聖殿被毀，所有通往天堂之門都會被切斷，只剩下一個「眼淚之門」，即是「哭牆」。其實痛哭是希伯來民族自古以來表現懺悔的方式，猶太人到此哭泣，為被焚燬的聖殿、及在戰爭中逝去的英雄哀悼，以眼淚表達他們對未來的希望，並渴求救世主能早日降臨！

在猶太習俗中，祈禱者必須將頭蓋住，以表示他們對上主的敬意。他們佇立於哭牆牆腳、或躬身祈禱、或手捧詩篇低聲吟誦、甚至痛哭失聲。最後將禱告的內容寫在小紙條上，塞進大石塊間的夾縫之中，祈求願望實現。

埃及——金字塔

金字塔被稱為世界古文明七大奇觀之一，從建築學上來看，在沒有機械協助下，將建材及石塊擺放在適當的位置，毫無失誤，的確需要相當的技術。古王國時代（約西元前 2613 到 2494）為建造金字塔的鼎盛期。最著名就是基沙金字塔群（The Pyramids of Giza），包含古夫王金字塔（Pharaoh Khufu）、卡夫拉金字塔（Pyramid of Khafre）、曼卡拉王金字塔（Pyramid of Menkard）及獅身人面像。至於埃及人為什麼要建造金字塔，至今眾說紛紜。從神話傳說來看，古埃及人相信法老王死後會變為神，而金字塔於是變成神所居住的地方，興建金字塔即是替神建造宮殿。

伊斯蘭教——麥加

麥加是伊斯蘭教的精神中心，乃先知亞伯拉罕依上天旨意而建，對穆斯林而言，每天要面對它做五次拜功。城內有一個石頭建築，稱為「天房」，又稱「真主之室」，純為雪花石建築，殿內大理石鋪地，別無任何物擺放；外部用黑色錦緞帷幔覆蓋。西元623年十二月穆罕默德率軍攻克麥加，清除掉殿內所有偶像，從此天房成為穆斯林心目中最聖潔的地方。

到麥加朝聖對穆斯林而言是一件相當重要的事情，在伊斯蘭曆十二月開始舉行，朝聖者在進入麥加之前脫去日常衣著，表示拋棄俗世的一切，披上兩塊白布之後繞行天房七圈並來回奔跑七次，紀念當年亞伯拉罕妻子夏莎尋找水源的焦急。最後換回正常的衣著，再繞天房七圈，完成整個朝聖的儀式。

佛教——菩提迦耶大菩提寺

菩提迦耶 (Bodhgaya) 大菩提寺為佛陀成正覺之地。位於印度比哈爾省（Bihar）南部伽耶市近郊七公里處，面臨恆河支流尼連禪河。佛陀在此地的菩提樹下立誓：「不成正覺，誓不起坐。」六年後，佛陀所領悟到的智慧光芒，至今猶點燃著兩千五百年來千千萬萬信眾的心燈。玄奘在大唐西域記亦曾談及此地，目前仍存有精緻的柱型方台與精美雕刻。

藏傳佛教——布達拉宮

位於西藏首府拉薩西北方，以宮堡式的建築蜿蜒於山坡之上，對於藏傳佛教信徒而言，布達拉宮如同普陀山聖地，因此命名為布達拉（藏語普陀之意）。建於公元七世紀，吐蕃王迎娶唐朝的文成公主，特別在紅山修建宮殿，即今布達拉宮。後毀於戰亂，於十七世紀重建。整個布達拉宮分為紅宮和白宮，紅宮主要是佛殿及歷代達賴喇嘛用於處理宗教事務；白宮則是達賴喇嘛的居住地。

歐洲

大西洋

法國

開羅

中東

麥加

西藏

印度

高棉

非洲

印度洋

大洋

南極

貳 朝聖之旅

印度教的神祇濕婆為了對抗惡魔，
使用咒語從地獄底下喚出餓得僅剩皮包骨的食人怪獸。
惡魔一見到瘦怪獸那副餓虎撲羊的恐怖模樣，
自知不敵，隨即向濕婆投降求饒。
惡魔說：「濕婆，我懇求你的慈悲。」
濕婆說：「好吧！我饒恕你，瘦怪獸，別吃它。」
瘦怪獸說：「那我怎麼辦？我餓了，是你使我飢餓，
你不能叫我出來，卻不給我東西吃！」
濕婆說：「那麼，吃你自己吧！」
於是瘦怪獸便開始自己吃自己，
從腳一直咬上來，吃到最後只剩下一張臉。
濕婆看著他的臉說：「我從來沒有見過這麼偉大的生命驗證，
今後凡是不能向你鞠躬致敬的人，沒有資格見我。」
從此，你可以在濕婆的神廟及
佛寺正門口看到「克提穆卡」這張光榮之臉。

神道教——伊勢神宮

伊勢神宮為日本神道教信仰精神的中心，位於日本本州南端，主要祭祀天照大神，收藏天照大神的八咫鏡，是伊勢神宮內最重要的神器。神宮分為皇大神宮（內宮）和豐受大神宮（外宮）兩大部分，沿襲古代日本住宅的一屋一代的風俗，也確立每隔兩年重建一次的制度，到目前為止，約已重建六十餘次。神宮內部設立最早建立的私營博物館——神宮徵古館，另外還有一座最早的產業博物館——神宮農業館和神宮美術館。

北美洲

太平洋

中美洲

● 瓜地馬拉

印度教——吳哥窟

位於高棉的首都吳哥城的附近，又稱吳哥窟，為柬埔寨古代的石構建築及石刻藝術的代表作。建於高棉國王蘇耶跋摩二世（約1113-1150年），國王死後作為祭祀他的廟宇，後來不知何故卻煙滅在叢林之中，直到1860年代才重被發現。吳哥窟最大的建築特色以高聳的圓錐形塔及佈滿雕像的長廊，雕像的題材取自印度史詩《摩訶婆羅多》和《羅摩衍那》中的故事，部分描繪蘇耶跋摩二世出征的場面。在印度教徒的心目中，人身、廟宇和宇宙是同義詞，不僅代表神的住所，更是神的同義詞，印度教的廟宇建築架構是根據宇宙圖（揚特羅yantras）的概念設計的，簡單來說，長方形內有正方形，此正方形又有一個圓形，長方形有四個門代表宇宙的四個方向。

南美洲

道教——江西龍虎山

龍虎山原名雲錦山，位於中國江西省境內，以風景秀麗著稱，後因祖天師張道陵於此地煉「九天神丹」，煉丹完成後乍現龍虎，因而得名。山中宮觀及道場眾多，最著名的如上清宮、正一觀及天師府等。上清宮即相傳祖天師張道陵煉丹修道之草堂，第四代天師張盛從四川攜帶祖天師印劍符膏回龍虎山，祭祀祖天師之所，屬正一觀舊址，現已不存在。現存天師府重建於清乾隆時期，為歷代張天師居所，可說是中國道教的發源地。建築特色為八卦型，有兩百多座樓房及各式文物，最著名為道教四大傳家法寶：寶劍（三五斬邪雌雄劍）、法印（陽平治都功印）、符籙及寶物。

馬雅——提卡爾遺跡

位於瓜地馬拉的提卡爾遺跡建於西元250-900年間，是馬雅人宗教、商業活動的中心、也是馬雅人舉行宗教祭典的地方。遺址屬於石塊建築，金字塔型外貌，台階具有幾何學上的精巧構思。

在馬雅人的觀念中，神祇主導著人類的生活層面，所以他們的神祇明顯的以自然崇拜為主，例如：月神、玉米神等，神靈若得不到馬雅人的供奉便會死滅，因此馬雅人將供奉神靈視為重大事件。在儀式上，馬雅人認為苦刑或活人獻祭可以表達對神最崇高的敬意，因此會以放血或是活人來祭拜神明。目前提卡爾遺址已在聯合國教科文組織的努力下，列為世界古文明景觀之一。

神秘且偉大的吳哥窟

通常我們在進入所有神殿之前，入口都會有類似傳說中的神獸踞立，因為牠們要阻擋所有不能面對內在高層靜默的人，所有無法瞭解其內在意義的人會被惡獸驚懾而裹足不前。因為人們必須經過一種心理的轉變，將世俗的個性拋在廟外，以一個全新的乾淨靈魂才有資格進入世界的子宮、人間的淨土、神聖之地。

這就是「朝聖」！

哲學家曾說：「人之所以墮落是因為地心引力。」引伸其意，人只要繼續以這個肉身存在，就不易擺脫物質世界裡的紅塵煩惱。你一定也曾有過腦海清明的片刻，你曾否有過這樣的經驗，從喧鬧吵雜的街道走進靜謐的教堂或廟宇，仰望聖殿裡那些慈悲的雕像、高聳的哥德式尖拱、光彩迷離的花窗、或者人們虔誠的表情和那沈穩莊嚴的頌歌、甚至沒有任何聲響的

信仰是精神力量的凝聚。大甲鎮瀾宮的媽祖繞境活動中，兩位70多歲婦人憑著信仰的支持，完成了8天7夜的朝聖。

寧靜，還記得你當時的心情嗎？是怎麼樣的感覺呢？

穆斯林一生中一定要親自到麥加朝覲一次；西藏人可以一步一跪拜、走上好幾年，只為了到拉薩的大昭寺和布達拉宮去瞻仰；位於法國與西班牙境內的四大朝聖步道及三大教的聖城

越南高臺教的總壇，因崇拜的圖騰中有一隻眼睛，故又名獨眼教。崇拜孫中山先生、越南儒者阮秉謙先生及法國大文豪雨果，教義融合儒、道、佛的精華，一天需三次禮拜。

耶路撒冷，這幾條路上千百年來吸引了無數虔誠的教徒；台灣一年一度的媽祖誕辰也經常造成萬人空巷。這些過程都是朝聖！朝聖，承載著人們的希望、企盼、和渴求，在淚水與血汗間交換著人神的訊息，並能帶給個人無可言說的心靈淨化。

在國外，朝聖現在也變成一種年輕人的時髦玩意，許多新新人類尋求自我的覺醒、或為了要瞭解藝術、或要

耶穌在《馬太福音》說：「通往生命之門是偉大的，而路是窄小的，極少人能發現它。」

繳交學校作業，紛紛加入朝聖的隊伍，但絕大多數的年青人因受不了旅途的疲困而中途放棄，反倒是那些令人擔憂的殘弱老者，他們完成了朝聖之旅。為什麼呢？因為信仰帶給他們無比的力量。

以這樣的想法出發，我們希望蒞館參觀的民眾都能得到「朝聖」的感覺。從你踏進宗博館的電梯開始，你將暫時擺脫地心引力的束縛、遠離塵囂，

從空間的改變轉換成心靈的提升，進入一種形而上的精神清明。

請帶著一顆開放的心來「體會」，你可以用出國旅遊時的心情來「參觀」，看看世界上其他地區的人們一輩子所尊奉、信仰、實踐的宗教，以及人神之間溝通發展出來的文化、藝術、與思想。

先別急著做判斷！因為對上帝而言，萬物皆義、皆善、皆美。

人們因為對神的崇敬，而創造出令人驚嘆的作品。斯里蘭卡第一代古王朝的臥佛，共有三尊，分別為坐姿、立姿及臥姿，佛像從山壁中雕刻成形，氣勢磅礴。

三月瘋媽祖

媽祖為台灣民間信仰中香火最盛的神明之一，被奉為守護航海平安的女神，每年媽祖誕辰時的繞境進香活動，更成為吸引許多善男信女的全民運動，可以媲美伊斯蘭教徒的麥加朝觀。

相傳媽祖是北宋福建興化府人，生於農曆3月23日，出生後不哭，故又稱「默娘」。自幼聰敏，有很多關於她的傳奇故事，據說她常在海邊提燈等待兄長，船民因燈光指引而不致迷失方向。後來媽祖修道得法，學得一身通靈驅魔的神力，並在收服千里眼和順風耳之後成仙，經常保護船隻能平安歸來，於是媽祖便成為閩南沿海居民的守護神。

17世紀，隨著閩南移民來台灣，先民鑑於對海上狀況難以掌握，為求一路平安，便會在船上安請一尊媽祖神像庇祐。後來為感謝媽祖，便在沿海一帶建立廟宇，供信徒祭拜。每年農曆三月是媽祖聖誕，俗稱「媽祖生」，台灣從南到北，除了各地媽祖廟的慶典外，數個香火鼎盛的媽祖廟皆有舉行大型的祭典，並配合進香與遶境，儼然形成一個年度性的國家節慶。例如大甲媽祖進香，進香隊伍須徒步遶境中部沿海四個鄉鎮八天七夜；北港媽祖遶境，則有陣頭、神轎、花車及眾多的信徒跟拜；澎湖媽祖廟也在每年舉辦媽祖巡海的儀式。整個進香儀式類似朝聖的宗教祭儀，以進香代表香火的傳承，人們藉由點香儀式與神明溝通、表達虔誠並祈求庇護。近年來，台灣與大陸沿海地區的媽祖慶典更是交流頻繁。

●東方的廟宇依風水學說都是坐北朝南的建築；歐美教堂其架構宛如橫放的十字架，以日出東方為神聖，故門口多朝西方，讓民眾進入教堂時產生自然的朝聖感；佛教認為西方有阿彌陀佛的淨土，而伊斯蘭教朝拜麥加的方位剛巧也在台灣的西邊。你可以試著注意一下博物館的方位與建築體中的暗示，你將會有另一層的體悟。（詳情請參閱金色大廳之宇宙圖騰）
水幕牆的意義，請參考「生命的元素──水」。

阿波羅神殿

參 認識你自己

在西元前十二世紀左右的希臘，
凡關係國家的重大決策，都必須到當時世界的中心
阿波羅神殿去請求神的指示。
女祭司先到聖泉沐浴，並焚燒月桂樹燻香，
以便讓阿波羅附身，然後以韻文寫出神論，
即是「岱爾菲神論」。
然而在神殿的石碑上卻深刻著：
「人啊！認識你自己！」

小時候，相信你也曾寫過「我的願望」這類的文章，畢竟能完成自己的夢想實在幸福！但有幾個人做得到呢？還是七折八扣地妥協將就，變成言行不一、連自己都不喜歡的人。你喜歡現在的你嗎？希望你的人生不是如莎士比亞筆下：「充滿著聲音和情緒，卻毫無意義的傻瓜的故事。」

在忙亂的現代生活裡，許多人每天不知所以的忙著生、忙著死，時間雖被忙碌塞滿，然而空虛迷惘的情緒卻仍不時襲上心頭，人們常懷疑什麼才是生命的意義？千百年來無數的智者不停地尋尋覓覓，人們最後在宗教信仰裡找到了最終的慰藉與解答，即使聰明如愛因斯坦也說：「當你更瞭解生命，你將更敬畏上帝。」但是，到底宗教對你的意義何在？你是別人眼中的好人嗎？你如何對待你恨的人？當面臨惡劣的環境，你如何應對？你擁有你的宗教所稱頌的美德嗎？你認為偉大的

「人子來並不是要受人的服事，乃是要服事人，並且要捨命，做多人的贖價。」教宗若望保祿二世至今仍不斷地為世界和平作努力。

上帝會選擇護祐你嗎？或許上帝不會有個人偏見，而且以無限的慈悲「千處祈求千處應」，但捫心自問，你認為你具備了進入永恆天堂的資格嗎？台灣像是一個宗教大觀園，宗教在這裡發展蓬勃，但卻有許多人批評台灣只剩下宗教的殼子，已經沒有宗教了。為什麼？

目前社會上確實有許多奇怪的現象：有人把宗教當成一種時髦的炫耀工具，比賽自己有多少張皈依證書、或者參加過多少次的洗禮；作奸犯科的黑道大哥，手戴價值不斐的念珠、家裡面佈置高單價的聖像，卻從未實踐誠實、節儉等教義，每週按時到教堂懺悔禮拜，好像定期登台作秀一般，這些人到底是要騙自己、還是要騙上帝？

當天主教教宗若望保祿二世拖著81歲羸弱的身體訪問烏克蘭，期望化解基督教教義東西分歧、並請求同樣是基督宗教的東正教徒原諒「古代與近

代加諸在他們身上的錯誤」，結果反遭若干當地信眾的辱罵與誤解。不知道耶穌基督對於此事會作何感想？

穆罕默德說：「誰為真主朝觀，既沒有惡言亂語，又沒有作奸犯科，那麼，他歸來的時候，就如他從母親生出的那一天一般。」

知其雄、守其慈，為天下谿。為天下谿，常德不離，復歸於嬰兒。《道德經·常德章》

大人們經常做一些不是我們所能夠瞭解的事情，而聖經卻告訴我們要變成小孩子！像孩子般以最單純的心去面對事實，擔負起神的軛，以恩慈相待，放棄過去的成見，謙虛的跟著神的柔和謙卑、學著神的樣式走，從你本身做起，而關鍵就在於──你的心。

佛教禪宗四祖道信禪師：「夫百千法門，同歸方寸，河沙妙德，總在心源。一切戒門、定門、慧門、神通變化，悉自具足，不離汝心。」

誠實的面對自己吧！這是神對你的忠告。畢竟是這個「你」，以這樣一個人的型態來接近世界，所有的感動與

此處為阿波羅神殿。文藝復興時期哲學家費其諾（Marsilio Ficino）：「認識自己，呵，你這藏在凡俗身軀內的神明子孫。」

──微塵中，普現三世法，五趣生死道，皆悉分別知。

建於十六世紀的峇里島海神廟,漲潮時與陸地完全隔離,宛如海上廟宇。相傳海神化身的海蛇住在廟底的海蝕洞中,以保護廟宇、人民免於邪靈入侵。該廟為峇里人信仰的聖地,非印度教徒嚴禁入內。

領悟都來自於「你」,只要你開放你的心,那種曾經在耶穌、佛陀身上所體悟到的神秘,將引領你與整個世界合而為一,和諧相處。一切唯心造,端視你以什麼樣的心態來接受你能感知的一切。

印度教的《奧義書》裡說:「當你凝神注視日落或者山崖之美而發出『啊!』的一聲,你便融入在神性之中。」你是一個被神所祝福的人,所以你才有這樣的緣分可以看到這本書、或者到宗博館參觀。我相信,只

拈花微笑

禪,為中國獨自發展出的佛教教派,從初祖達摩「一葦渡江」到中國傳法,逐漸發展出以心傳心的特殊教法,強調「直指人心、不立文字」。最具代表性的人物當屬六祖慧能,雖不識字,卻能道出「菩提本無樹、明鏡亦非台。本來無一物、何處惹塵埃?」的領悟。

「佛陀拈花、迦葉微笑」,將此不可說的法門傳了下來。究竟什麼是「禪」?可能沒有一個標準的答案。笛卡兒曾說:「我思故我在」,這是哲學的開始;倘若不「思」呢?學而不思?思而不學?或許這就是「禪」的開始。

日本室町時代 (1338-1573) 龍安寺方丈庭院的枯山水。在白砂上配置七、五、三顆石頭,將風景象徵化、抽象化,表現出禪的自然況味。

要你願意以一顆謙卑的心來感受世界,實際來宗博館走一趟,你一定也會發出一聲由衷的讚嘆──「啊!」

●試試看!你可以從一個人的長相猜出他信仰哪一個宗教。

上帝自己的清晨,在祂自己看來也是新奇的。──印度.泰戈爾

金色大廳

愛與和平之柱

最好的事物是不能說的，因為它是超越思考的；第二好的東西是被誤解的，因為它隱含了那些不能被思考的事物；第三好的事物是人類用嘴巴在談論的。

——神話學家坎伯

亞里斯多德說：「語言是思維範疇諸經驗的表現。」但是說過的話總是像清煙一般，瞬間消失得無影無蹤，於是人類發明了文字用以記錄語言。文字以符號和象徵表現出一種精神，記錄人類的行為，承載並累積知識與智慧，也是一個溝通的媒介。每種文字自成一套完整的系統，甚至還能傳達某種不可言說的「意義」，協助個人思維邁向更高的精神領域。世界上僅約百分之五的語言有使用文字，在許多原始部落裡，只有祭司等神職人員才有資格使用文字，因為他們認為思想上深奧的教示，若以文字表達是一種冒瀆思想的行為。

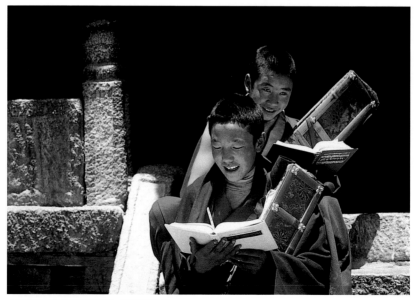

小喇嘛藉由讀經來瞭解從佛祖一脈相傳的法意。

《古蘭經》中，神的同情與恩惠被頌讚高達192次，而憤怒與報復僅有17次，然而人們卻常執著在小部份的爭執，而忘卻大部分的和諧。

故日本京都至今尚舉辦「大文字祭」，人們將祈福的文字寫在木板上安放在附近的幾個山頭上，然後在夜間放火燃燒形成巨型的文字，作爲一種宗教儀式。

但是倘若文字無法判讀，即使後代子孫尚能綿延不絕，然祖先們的智慧卻只剩下雪泥鴻爪，亦代表了這個文明的結束，因爲文字死了，就像馬雅人、埃及人一般，五千多年前已經能夠建立宏偉的金字塔、計算出精確的天文曆法，但卻被不知所以的因素徹底毀滅，偌大的王朝空留在歷史上的一個名稱和殘存的遺跡供後人憑弔。

語言是心的脈搏。運用語言文字可以達到溝通的效果，讓別人瞭解你所欲表達的意思，是一種屬靈的交流，這是人類在目前所有物種中最獨特的一種天賦。而記載著偉大宗教領袖的經典如老子的《道德經》、《聖經》、《古蘭經》或佛經裡面的文字，至今仍影響著全人類文明的發展。但是，我們也發現，許多人與人之間的爭端，都是因爲溝通不良所引起，稍微一點用詞不當、或雙方對同一字詞不同程度的認知，所欲表達的意思便無法讓對方充分理解，於是衝突因而發生。

人類反而被自己所創造出來的文字限制住了。比如說，你清楚耶穌的身份嗎？究竟是人或神，對你有困擾嗎？光是在聖經的文字記

米開蘭基羅之聖殤圖。耶穌犧牲自己的生命為全人類贖罪，世界上再也沒有比這樣的情操更令人感動了。

載裡，《馬太福音》和《約翰福音》就有不同的解讀。但這絲毫不會影響到耶穌在歷史上的崇高人格。

歷史上的大洪水在現代卻激不起一丁點的漣漪。也就是說，歷史的重點應該是它能帶給我們什麼樣的啟示，因為知識與智慧完全不同！

通常經由經驗和學習，我們可以累積相當的知識與為人處世的方法，但智慧卻不是單純由上向下看的視野，因為人世間常常被有形、無形、親情、或利益等錯綜複雜的關係所交叉影響。人一旦「作繭自縛」難以掙脫時，此時就需要以「慧劍斬情絲」，但不免會造成傷害及痛苦；或能在煩惱絲重重綑綁之前即「抽絲剝繭」，慢慢的將束縛釋放，但卻又需要相當的耐力和時間；於是人們求神拜佛希望得

掌印

凡走過必留下痕跡。莎士比亞筆下的《羅蜜歐與茱莉葉》也是以掌與掌的接觸作為一種承諾。在美國洛杉磯的星光大道，也是以留在地上的掌印來表彰有特殊貢獻的演藝人員。其實掌印在遠古時期就有其特殊的神聖意涵，在法國南部卡克司發掘出的史前洞窟，裡面有許多馬、牛等動物的圖案，是塗鴉？或者是一種祈求上天能賜與他們豐收的儀式？目前不得而知。其中也發現了許多人的掌印，甚至相同位置上出現相互重疊的掌印，可能是人們對崇敬的地點所表現的一種親近接觸。

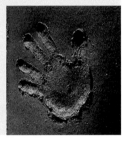

「留下您的掌印！」紀念你與宗博館第一次相會的歷史時刻的印記。

這冊明代寫經有四十餘幅觀世音菩薩的描金插畫。

神明的手本許信徒接觸，掌心的密合遠勝於親吻。──莎士比亞

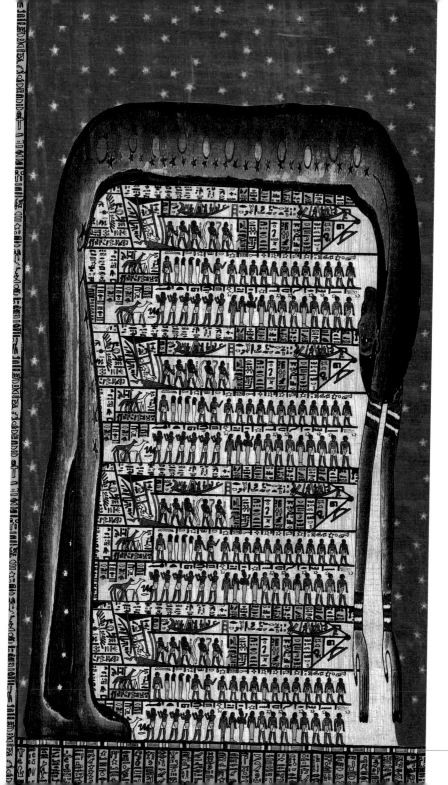

到神性的引導，協助我們破除煩惱魔。其實最後做出決定的還是人的智慧呀！難怪有人說拜神就像照鏡子。

收起你的劍，用劍者將會為劍所亡。歷史也是一面鏡子，需要我們以智慧來解除歷史的魔咒，不要讓同樣的錯誤重複發生。佛教說人人皆具佛性，若能靜心地去瞭解隱藏在經典字裡行間的神祕概然性，從中發揮其正面的能量，幫助自己也幫助別人，或許文字裡正揭露著上帝所欲傳達的普遍真理。

在翻遍所有聖典以及任何在歷史上你想得到的好書，我們發現所有偉大的思想家都傳遞著一個共同的理念，那就是「愛與和平」。

我們相愛，不要只在言語和舌頭上，總要在行為和誠實上。《約翰一書三：18》

故宗博館在金色大廳的樑柱上，以十四種不同的文字標示出人類共同的願望：「愛是我們共同的真理，和平是我們永恆的渴望。」我們多麼希望世界上所有的宗教可以多對話，以溝通與分享來避免無謂的紛爭。而文字確實可以扮演最佳的溝通角色，協助你體會不可言說的「最好的事物」，如此一來，文字將不僅是符號，語言也不再只是工具，而是一種祈禱、一首讚美的歌。

左頁：埃及的蘆葦紙手繪。這些圖案透露出多少古埃及的光榮與文明！

愛與和平的使者聖方濟

「愛與和平」是中世紀基督宗教聖者聖方濟當初所倡導的觀念。

聖方濟為義大利亞西西的富商之子，家裡以紡織為業。他年輕時經常呼朋喚友徹夜狂歡，是十足的紈褲子弟。

一日，他救濟了一位衣衫襤褸的僧侶，僧侶因而重新恢復了精神。臨行前，僧侶將聖方濟送他的新衣服脫下，再換上自己的破衣，他感謝聖方濟的善良，並希望他能「精神富足」。

什麼叫「精神富足」？這樣的疑惑就這樣一直存在聖方濟的心中。後來聖方濟懷抱浪漫幻想離家去參加了十字軍東征，在戰場上目睹許多生老病死的生命殘酷面，使得他的個性產生一百八十度的改變。

返鄉後，他拒絕繼承父親的事業，並將身上的衣服脫光，告訴父親：「這些物質的東西是你給的，但是我的身體是上帝給的。」

接著聖方濟到山林苦行隱修，許多當初和他一起玩樂的青年也追隨他入修行的行列。據說聖方濟能夠與百合花說話，並經常滾在玫瑰荊棘中以克制情慾。最後在一個暴風雨的夜晚，聖方濟的身上竟出現如同耶穌所受到的五處傷痕神蹟，即所謂的「聖痕顯現」。

註：耶穌受難時頭上的荊棘傷痕、胸口的箭傷、背部的鞭傷、手腳的釘痕。

宗教狂熱者不澄清自己的心，卻想清理整個世界。

14種不同的文字呈現

(中文)

愛是我們共同的真理，
和平是我們永恆的渴望。

(日文)

愛は我々の共同の真理です。
平和は我々の永久の渇望です

(韓文)

사랑은 공통된 정의이다
평화는 영원한 소원이다

(梵文)

प्रेम सत्यमस्माकम् साधारणम्
शान्तिरस्माकम् शाश्वत्याशा

(俄文)

ЛЮБОВЬ- НАША ОБЩАЯ ПРАВДА
МИР- НАША ВЕЧНАЯ НАДЕЖДА

(泰文)

ความรักคือสัจจะร่วมกันแห่งเรา
สันติภาพเป็นความหวังนิรันดร์กาล

(英文)

Love is our shared truth
Peace is our eternal hope

(法文)

L'amour est notre vérité partagée
La paix est notre aspiration perpétuelle

(德文)

LIEBE IST DIE WAHRHEIT DIE UNS VERBINDET

FRIEDE IST UNSERE EWIGE HOFFNUNG

(西班牙文)

El amor es nuestra verdad universal
La paz es nuestra eterna esperanza

(希臘文)

Η αγάπη είναι η μοιρασμένη μας αλήθεια.

Η ειρήνη είναι η παντοτινή μας ελπίδα.

(阿拉伯文)

المَحَبَّةُ هِيَ حَقُّنا المُشْتَرَكُ
السَّلامُ هُوَ أَمَلُنا الدّائِمُ

(希伯來文)

האהבה היא האמת שמשחדת אותנו
השלום הוא התקווה הנצחית שלנו

(斯瓦希里文)

Upendo ni ukweli wetu tunamoshirikiana.

Amani ni matamanio yetu ya milele.

宗教小百科

楔形文字

　　出現在西元前三千年左右的美索不達米亞的文字書寫系統，為目前所發現最古老的文字。以蘆葦稈削尖在泥版書寫，因每一畫都是由一個三角形的頭拖著一條尾巴，狀似楔子，故名之。目前楔形文字被用於15種語言的書寫表達，包括蘇美文、閃米族語、與印歐語系等，對人類整體文明有極其重大的影響。

道教：紅色和鳥 (道教常以剪刀來代表
朱雀，取其形似鳥嘴)

基督宗教：彩虹色與有翼的獅子(聖馬可)

佛教：黃色和馬（寶生如來座騎）

神道教：紅色
美洲印地安原始宗教：老鼠

方位	北方	東方	南方	西方
道教	顏色：黑色 器官：腎臟 動物：玄武 五行：水 星宿：斗牛女虛危室壁	顏色：青色 器官：肝臟 動物：青龍 五行：木 星宿：角亢氐房心尾箕	顏色：紅色 器官：心臟 動物：朱雀 五行：火 星宿：井鬼柳星張翼軫	顏色：白色 器官：肺臟 動物：白虎 五行：金 星宿：奎婁胃昴畢參
基督宗教	顏色：黑底黃色 動物：有翼老鷹 人物：聖約翰	顏色：白底藍色 動物：有翼的人 人物：聖馬太	顏色：彩虹色 動物：有翼的獅子 人物：聖馬可	顏色：紅色 動物：有翼的牛 人物：聖路加
佛教	顏色：綠色 代表：寶劍 人物：不空成就 座騎：金翅鳥	顏色：白色 代表：法輪 人物：阿閦如來 座騎：象	顏色：黃色 代表：三重寶 人物：寶生如來 座騎：馬	顏色：橘色 代表：蓮花 人物：阿彌陀佛 座騎：孔雀

道教：綠色和龍（道教常以七星劍來代表青龍）

基督宗教：藍圈白底和有翼的人(聖馬太)

佛教：藍色和大象（普賢菩薩座騎）

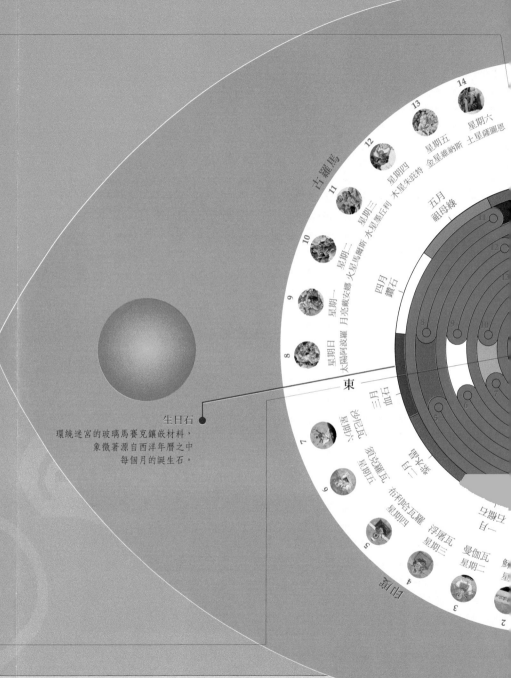

生日石
環繞迷宮的玻璃馬賽克鑲嵌材料，
象徵著源自西洋年曆之中
每個月的誕生石。

東

金色大廳
宇宙之眼

洗過了手、淨化了心、解下紅塵俗世的束縛，您也準備好了一個開放的胸襟，那麼在走進博物館之前，請你抬頭仰望那裝飾在天花板上的星空，回想一下「珠玉之網」的概念：慈悲、和平、博愛等等這些璀璨高貴的思想所凝結而成的寶石，穿越了浩瀚宇宙的時空，祂們曾照耀過我們的祖先、注視過先知、陪伴著摩西、釋迦牟尼、耶穌、老子、蘇格拉底、孔子、穆罕默德等，也即將在此歷史性的一刻與您相遇。

你多久沒有凝視一個人的眼睛超過三分鐘了？當你以這般深刻的眼神看著對方時，會有什麼樣的感受？那麼，你又是以什麼樣的心情來看神像呢？會怕？會害羞嗎？

在希臘神話中，米諾陶洛斯王國的迷宮裡關著一個半人半牛的怪物，每年雅典必須送七對少男少女作為犧牲獻祭。青年西薩斯決定去除此惡習，他喬裝混入少男少女之中，雖然最後制服了怪物，卻走不出迷宮。幸虧公主給了他一團毛線做引導，才得以順利逃出。

博物館入口大廳地上的宇宙圖騰，便是以迷宮的型態作為構成基礎，融合了全世界重要的符號、宗教神話，依照其特定方位、顏色、崇拜物或圖騰結合而成。每一個符號都代表了一個族群賴以生存的基本信仰，甚至是人類文明發展的主軸。這個「宇宙圖騰」正是宗博館凝視世界的眼睛。

尼泊爾特殊形式的佛臉，眼睛造型流暢、鼻子為數字1的造型，有天上天下皆為一體的意涵。

瞥然光明處　凝視
忽見星光以靈魂姿態不時向我招喚
強烈的勇氣陡然升起
貫穿人類彈精竭慮想像的一切障礙
這一線緣份　瞬間交會

靈鷲山水陸法會。法會以人間普設齋筵，供飄法界中諸天神佛乃至地獄惡鬼畜生，成就殊勝利益。宛如開啟宇宙之眼，你將發現「一即一切、一切即一」的華嚴真理

在宇宙的中心，回響著那個堅定神秘的音符：「我」。——澳.彼得波特

承傳猶太傳統的基督宗教天使

16 星期一 加百列
17 星期二 薩麥爾
18 星期三 拉斐爾
19 星期四 沙基爾
20 星期五 佐教騎 瓜教騎
21 星期六 卡艾勒

七月 紅寶石

八月 瑪瑙

九月 藍寶石

西

北

太陽 星期日
22

巨蟹 星期一
23

天蠍 星期二
24

雙子 星期三
25

人馬 星期四
26

金牛 星期五
27

魔羯 星期六
28

十一月 黃玉

十二月 綠松石

獅子 白十

處女 白十一

● 日符號

日符號（即是分別象徵一週各日的神話人物）守衛在迷宮之轉捩點。
在許多的宗教傳統中，這些「日符號」
即如同陰間之門的守衛。

佛教：玫瑰紅色與孔雀（文殊菩薩座騎之一）

基督宗教：紅色和有翼的牛(聖路加)

道教：白色和老虎

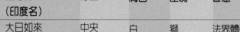

佛教 - 屬宇宙間由大日如來所延伸出來的佛陀

五方佛（印度名）	方位	膚色	座騎	智慧	克服	手印	持物	坐姿
大日如來 Vairochana	中央	白	獅	法界體性智	痴	轉法輪印 智權印	無	跏趺坐
阿閦如來 Akshobhy	東方	藍	象	大圓鏡智	瞋	左手禪定 右手觸地	金剛杵	跏趺坐
寶生如來 Ratnasambhava	南方	金、黃	馬	平等性智	慢	左手禪定 右手觸地	無	跏趺坐
阿彌陀佛 Amitabha	西方	紅	孔雀	妙觀察智	貪	禪定印托缽	缽寶瓶	跏趺坐
不空成就如來 Amoghasiddhi	北方	綠	金翅鳥	成所作智	疑	左手禪定 右手無畏	無	跏趺坐

美洲黃教：水牛
神道教：紫色

佛教：綠色與金翅鳥(觀音的座騎)

基督宗教：黃圈黑底和飛鷹(聖約翰)

道教：黑色與龜蛇 (道教在舉行拜斗儀式時，
常以鏡子來代表龜蛇，取其形似龜蛇合體。)

北

溫暖從萬物的光彩中體現
報我以微笑的目光
絲絲入扣
因為永恆
會自然形成一個完美的圓
——詩人童明

人們常說眼睛是靈魂之窗,半點不假!「愛從眼睛觸及內心:因為眼睛是心的斥候。」閱歷豐富的人經常能在眼神交會的瞬間看透對方的心,這就是「觀點」,觀看的中心、靈魂對談的媒介。記得有一位出家人說他不敢正視信徒們的眼睛,他說人的眼睛會鉤人魂魄。當然這只是一種說法,但表示小小的眼睛確實可以吐露出大大的訊息。

站在高地上,你可以看到遼闊的地平線;站在月亮上,你可以看到地球的升起;每個科學的新發現,亦能幫助人類從原本立足的觀點,拓展至一個更加開闊的視野。從「地球中心說」到「太陽中心說」,人們有了一個前所未有的宇宙觀,當你的視角從「地球的肚臍」岱爾菲神殿延伸到你精神上的中心點,你開始能體會到信仰中美妙的神性時,「宇宙之眼」便逐漸打開,宛如濕婆睜開祂的第三隻眼,以天火滅除你所有的猜忌、疑惑、和驚懼。你會發現,其實宇宙即是我們

內在心靈的放大顯現,我們確實是它的眼睛、它的耳朵、它的思考、它的言語,或者說是上帝的眼睛、耳朵、諭旨。難怪詩人周夢蝶要說:「做上帝的耳目」。

迷宮裡總是存在著最多的冒險,英雄必須從奉獻社會、自我犧牲的大愛啟程、經過龍與火的嚴酷試煉,才能得到另一個世界所贈與的神聖禮物,走出迷宮、也是走出生命的迷惘。

號角已經響了!英雄們!踏出崇高道路的第一步,打開你的宇宙之眼,活出你的上帝來,去做那光、去做那鹽。將神奇的驚喜轉化成可以經驗的瞬間,好好享受這場心靈啟蒙之旅。

上圖:號角已經響起!館藏之大天使米歇爾蛋彩畫。

●對於基督教而言,迷宮圖案象徵地球。世界宗教博物館取材自法國夏特大教堂地板上鑲嵌之迷宮圖案,創造出屬於宗博館的寰宇圖。為配合宗博館的大廳,這四個方位和博物館大樓基座的實際方位約有四十五度角的偏斜。

中國風水

中國人講究風水及方位,不論是陰宅或是陽宅,在建築佈局上,都有許多的規矩和避諱要遵守。「左青龍、右白虎」之類的說法,乃道教的宇宙星象觀,即「四靈二十八宿」。所謂四靈(可稱為四象或四相)是指天上四個方位星宿;而二十八宿,是指在東、南、西、北四個方位各有七個星群,東方星群狀似青龍,西方星群狀似白虎,南方星群形如朱雀,北方星群有如玄武。

這四靈二十八星宿在道教神系內為護衛之神(抱朴子內篇·雜應、道藏:北斗七元紫庭延生秘訣),一般認為四靈在道士做法時會行護衛之能,四靈之中,以北方最受尊崇,如伊斯蘭教等許多宗教都把北方視為神聖之位,明代以降,玄天上帝(真武大帝)等星君就廣受崇拜。

這些方位觀念運用到建築上,中國傳統建築面多朝南,正所謂座北朝南,兩翼左青龍右白虎一對應,東方即為青龍,西方即為白虎,而南方就稱朱雀,北方即為玄武。這個例子可在西安古城中見到,皇宮一定位於皇城之中央,屬土,以黃色為象徵,正對面之大路就稱為「朱雀大道」,皇城後方的門即為「玄武門」等;日本京都城之建築大抵也依照此一格局興建。而傳統的道教宮觀在其正門兩旁常有青龍與白虎的雕刻(台北保安宮,大甲鎮瀾宮等),這也是為了要符合傳統道教建築之規格。

以青龍為例,此圖案為戰國玉龍之圖案。玉龍全身滿佈穀紋,模仿蒼龍星的做卷曲狀,盤曲飛舞、狂放狷傲,充滿蓬勃的生命力。易經:「見龍在田」。左傳:「龍見而雩」「龍見建巳之月,蒼龍宿之體,昏見東方,萬物始盛,待雨而大,故祭天為百穀祈膏雨。」七宿前端的龍角,左角為天田,右角為天庭。天田為司馬,教人種百穀為稷。辰屬龍,龍是水神,有興雲致雨的神力。壬在五行中屬水、於壬辰祀之,龍水相應,所以壬辰日祭祀靈星於東方,此關係到農業生產與糧食收種這類民生大計,輕忽不得。故中國以雕滿穀紋玉龍作為神器,以玉龍禱雨以求風調雨順,五穀豐收。

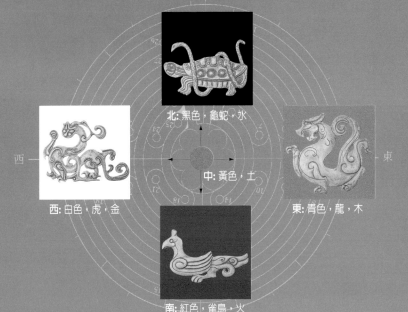

北:黑色,龜蛇,水

中:黃色,土

西:白色,虎,金

東:青色,龍,木

南:紅色,雀鳥,火

北

西

東

南

星期神的由來

星期天 **(Sunday)**——源自於拉丁語 - Dies Solis，意即為太陽的日子。希臘羅馬神話中，太陽神為阿波羅（Apollo），因此阿波羅成為掌管星期天的日神。

星期一 **(Monday)**——源自於安格魯薩克遜（Anglo-Saxon），意即為月亮之日，字源上和月亮有密切的關係，掌管月亮的為戴安娜（Diana），為阿波羅太陽神的孿生姊姊，星期一即由戴安娜掌管。

星期二 **(Tuesday)**——羅馬人稱為火星之日，Dies Martis，希臘羅馬神話中的戰神 - 馬爾斯（Mars）。

星期三 **(Wednesday)**——水星之日（Mercury's Day），也就是希臘羅馬神話中的荷米斯（Hermes），他是商業之神，成為星期三的掌管神。

星期四 **(Thursday)**——羅馬人稱為木星之日，羅馬人稱為 Dies Jovis，宙斯

掌管天空-代表公正及權勢，掌管星期四。

星期五 **(Friday)**——這天羅馬人崇敬維納斯（Venus），掌管金星，稱為Dies Venus，希臘人稱為阿佛羅黛蒂（Aphrodite），愛與美的化身。

星期六 **(Saturday)**——羅馬人稱為土星之日，Dies Saturni，代表之神為撒圖（Saturn），為烏諾斯（Uranus）和蓋亞（Gaea）地母的小孩。

	星期天 Sunday	星期一 Monday	星期二 Tuesday
拉丁名	Dies Solis	Dies Lunae	Dies Martis
希臘名	Dominica 多明尼克	Artemis 阿特米思	Ares 阿里斯
羅馬名	Apollo 阿波羅	Diana 黛安娜	Mars 馬爾斯
個人特質	年輕	端莊、優雅	驍勇
對應行星	太陽	月亮	火星
神話地位	太陽神、藝術之神	月神、未婚女子之神	戰神

聖經四福音作者

聖馬太

猶太人馬太曾是羅馬的稅收官，他是第一部福音書的作者，馬太福音約創作於1世紀後半期，詳細說明了耶穌族譜，寫作風格平實易懂，適合一般信眾閱讀。故馬太在藝術表現中經常被描繪成書寫福音書的作家，身旁圍繞端著墨水的天使；或手握長戰，用以象徵他的殉教；或身掛錢袋，強調其曾為稅收官。

聖約翰

施洗者約翰是與耶穌有表親血緣之聖徒，長年居住在沙漠中靠食用蝗蟲維生，積極勸人信教，鼓勵人應為其原罪受洗，尋求靈魂的就贖，並預言不久的未來將有一位比他更偉大的人類救世主出現。後來約翰替耶穌施洗，為約翰此生最具歷史意義的一刻。

約翰的聲音被稱為「曠野之聲」，代表著默想與靈修，故常以空中飛翔的老鷹作象徵。約翰在某些藝術品或身著駝皮，手持十字架；或作嬰兒的姿態，以聖家庭一員的形象出現於聖母瑪利亞的膝下。

北

聖路加

路加原是希臘醫生，後來跟隨保羅宣教。路加福音以寓言的方式書寫，對聖母瑪莉亞、聖伊利沙白等女性形象的描寫更是突出，並蘊含了基督慈愛的精神。因路加曾繪製過聖母之畫像，故被視為文藝工作者的守護者。15-16世紀的西北歐畫家經常把路加描繪成畫家的形象，許多畫家工會並以路加為名。路加以其勤懇佈教而被賦予公牛的象徵，也可能是早期傳路加福音時，神殿常以牲牛來進行宗教儀式而得名，有時牛身上還附了一雙飛翼。

東

聖馬可

馬可追隨保羅與彼得傳教，後成為亞歷山卓城該區的主教。馬可福音可能完成於義大利的羅馬，書中記載了彼得的教誨與行誼。西元9世紀時馬可的遺體從亞歷山卓移至威尼斯，今日在威尼斯的聖馬可大教堂內裝飾的馬賽克畫中，詳細描述了馬可一生的行誼。馬可多以帶翼的獅子象徵福音的傳遞者，後來此形象之成為威尼斯城的標誌。威尼斯影展其最高榮譽金獅獎，也是源自於此。

南

註：聖經四福音作者在方位上並無絕對性的安排。如義大利 Ravenna 教堂中，鷹牛與人獅是面對面的排列。

星期三 Wednesday	星期四 Thursday	星期五 Friday	星期六 Saturday
Dies Mercuri	Dies Jovis	Dies Veneris	Dies Sarutni
Hermes 荷米斯	Zeus 宙斯	Aphrodite 阿佛羅黛蒂	Demeter 迪米特
Mercury 莫丘里	Jupiter 朱彼特	Venus 維納斯	Ceres 瑟里斯
財富	主宰天庭	年輕美麗	農業播種
水星	木星	金星	土星
貿易之神	眾神之神	愛神	農業之神

你熱愛生命嗎？那麼就不要浪費時間，因為生命正是由時間組成的。富蘭克林──《格言歷書》

Wisdom

色彩

春天裡百花齊放、五彩繽紛，宛如大自然在地表上揮筆作畫，故在印度的久德埔每年都在春天舉辦色彩節，此時男男女女紛紛換上白色衣服，隨著音樂舞動並相互潑灑各色染料，炫麗的色彩齊聚在陽光下閃耀生命的光彩。

十九世紀英國科學家牛頓從三稜鏡中分解出燦爛耀眼的彩虹──紅、橙、黃、綠、藍、靛、紫，最後人們發現所有的顏色及色光，都是從紅、黃、藍三種原色所調配而成。而各種顏色都對心理傳達出不同的直覺感受，包括形狀、音調，甚至直接間接的關連到我們的身體器官。

色彩在宗教上的使用雖各有殊異，但隱藏其中的象徵意義，非常值得大家進一步去體會。

紅──■ 平穩、剛毅、強烈、乾燥、火焰，像關公。

橙──▲ 歡樂、衝動、華麗、高貴、甜美味覺。

黃── 明度最高、銳利、活潑、尊貴、讓人聯想到陽光，像向日葵花瓣向外放射。

綠──▲ 寧靜、永恆、新鮮、溫和、安全感，也是眼球最容易獲得歇息的色彩。

藍──● 色環中唯一的寒色系，清爽、幽靜、水澄的透明感、如浩瀚星空、深邃海洋，帶有神秘不可測。

紫──● 高貴、柔軟、富女性特質，但有時也有不成熟、異乎常態的感覺。譬如有放射能的地方即以紫色標示。紫色有極兩面的評價。

下圖：印度 Thupton Sanga Choeling Monaestry 寺，藏曆新年喇嘛跳祈福舞，服飾色彩絢爛。

開漳聖王廟脊飾的剪粘藝術，尾頂裝飾龍鳳、寶塔、花鳥，還有述說忠孝節義故事的多樣造型，色彩豐富，烘托出廟宇建築的華麗。開漳聖王，俗稱聖王公，是唐代開拓潮州、漳州的勇將陳元光，被台灣各地漳屬移民奉為守護神。

參◎認識你自己　61

花為何美？因它只是一心一意的開。──《法句經》

金碧輝煌的緬甸大金塔，而繞行金塔具有累積功德之效。在緬甸，比丘一生要出家三次，第一次為養育的父母積德、第二次為岳父母、第三次為自己。

金色與聖物

　　金，以其不易變質的特性、和如陽光般的黃金光澤，自古以來就被視為財富、權勢、尊貴、莊嚴的象徵，金色的聯想全都具有正面積極的意義。中國人視金色為吉祥樂利之兆，而西方早期的化學發展幾乎也和煉金術劃上等號。如今黃金被作為國家貨幣的本金、國際支付的手段，以及太空科技的溫度控制等領域。

　　雖然各宗教都強調要儉樸守道，但人們對於黃金的喜愛從來沒有降低過，黃金代表的永恆價值，還是經常被用在裝飾宗教殿堂或神祇身上，以彰顯神的莊嚴、並表達個人虔誠。我們在欣賞這類作品時，切莫以世俗的價值觀妄自評斷而誤解其初衷。就像耶穌即使被釘死在黃金十字架上，亦無損其為人贖罪的偉大；而佛陀更是早已放棄其王子的身份與財富；至於本自輝煌的安拉，祂哪裡需要這些祂的創造物才顯榮耀？

　　宗博館的聖物區有幾件作品，材質雖有不同，但價值卻無二異。佛像的金輝、聖言書法的金光，彷彿超脫了凡俗的筆墨形容，包含了遠方友人的祝福，每當凝視、細想這些聖物散發出來的意義，總會讓我們心中升起和煦的溫暖，並更加堅信宗博館所傳達的「愛與和平」的信念是正確無誤的。

「世界回教聯盟」致贈之天房罩幕黑布

　　天房 KAABA 位於聖地麥加禁寺之中，為一方形石殿，據傳為真主安拉指定給人類始祖阿丹（亞當）與其妻的居住場所。西元 570 年之後，開始有為天房蓋上罩幕 KISWA 的習慣。現今罩幕每年會更換一次，換下來之後會剪成小塊贈與特別的對象。宗博館收到的這塊「回盟」所贈的罩幕，上面以金線繡上古蘭經文裝飾，譯成中文為「毀罪信道，並力行善功，謹守正道，我(真主)對於他確是至赦的。」

泰國僧皇致贈之金佛

　　地位崇高的泰國僧皇，將代表佛、法、僧三寶的金佛、祝福文及他穿過的袈裟贈與宗博館，表達他對宗博館的支持與祝福，並希望藉金佛帶來吉祥安樂，引導眾生步上正信之途。這是第一次泰僧皇致贈金佛給台灣的團體，金佛長五尺，寬三尺，重達百餘公斤，其底座鑴文：「供養世界宗教博物館，為世界宗教和平祈福，相互尊重，相互交換意見，使世界眾生對宗教有正念，祝福一切圓滿順利。刻苦耐勞，堅持走過一切障礙。」

星座與守護石

　　關於誕生石，流傳以久，傳說與聖經中的十二基石、伊斯蘭教的十二天使和天體的十二宮有關。選擇誕生石的方式有很多種，最常見的就是按自己的出生月選擇寶石，如此一來根據寶石的色彩光輝，可以增強自己的運勢。在歐美十二星座亦是根據地、水、火、風四大元素分類。

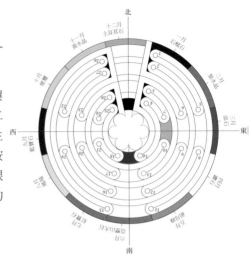

星座與生命之間似乎存在某種關聯，在西方有十二星座、在東方有二十四星宿，似乎有異曲同工之妙。天文學為昔日神職人員的必備學識。

元素	星座	誕生石	由來
地	金牛座 4.21-5.21	翡翠、 綠玉髓	翡翠即是中國所謂的玉，由於它具備中國五德，佩帶它就等於具備五德，在社會地位上令人尊敬。啟示錄中約翰曾獻出綠玉髓，綠玉髓亦是猶太教祭司長所佩帶的十二種寶石之一。
	處女座 8.23-.9.23	瑪瑙	自古來人們認為邪眼會帶給人們災禍，因瑪瑙外型具有條紋及同心圓的樣貌，因此被認為蘊藏神秘力量，可以避免邪眼的中傷、帶來幸運。
	山羊座 12.22-1.20	條紋瑪瑙	條紋瑪瑙具有抑制熱情的效果，可加強宗教靜默的理念，因此有些天主教徒拿來作為祈禱用的玫瑰念珠。
水	巨蟹座 6.22-7.22	月光石、 海藍寶水晶	據說在古印度，月光石被認為是磨練超能力的寶石，神官們在月圓之日將此石含在口中祈禱，聆聽神的聲音。 海藍寶石（Aquamarine）拉丁語為海水，海水具有富饒、包容力及淨化的功能。又潮汐變化實為月亮所支配，故此寶石亦代表月神的神力，在月神戴安娜所掌管的羅馬地區，海藍寶石代表月神所帶來的富饒。 水晶呈現透明的色澤、結合各種色彩的結果，因此被認為能化解對立、統合一切，如水般潤滑著人與人、與土地的關係，是象徵吉趨凶避的寶石。
	天蠍座 10.24-11.22	血石	血石又稱為聖石，據說是由耶穌基督的血所染成的，因此具有增加人們勇氣、知性、奉獻精神的寶石。
	雙魚座 2.19-3.20	紫水晶	紫水晶在秘教中認為能將性愛活力轉變為精神活力，在解決兩性問題上能發揮極大的力量。
火	牡羊座 3.21-4.20	紅寶石	紅寶石為寶石中的女王，古埃及時即為代表著國王威嚴的寶石；中世紀歐洲則象徵神的慈悲，佩帶的人可以增加勇氣，並顯現優雅的氣質。
	獅子座 7.23-8.22	琥珀	琥珀由於顏色的關係，東西方都認為它是從太陽的精髓聚集而來，具有極大的力量。從麥錫尼城的出土文物中得知北歐神話中普雷阿剌以琥珀為頸飾。由於琥珀會隨著體溫散發芳香，具有除魔效果，因此羅馬的女性常將琥珀握在手中。
	射手座 11.23-12.21	蘇吉來石	蘇吉來石具有濃烈的紫色，在超自然的領域中，是有開發超自然力及增強心靈開發的寶石。
風	雙子座 5.22-6.21	拓帕石	拓帕石的名稱由印度梵文而來，意味人體的神秘生命力，具有消除疲勞，增強活力的功用。
	天秤座 9.24-10.23	藍寶石	藍寶石代表虔誠及忠實，成為基督宗教中擔任聖職者愛用的寶石，羅馬教宗或大主教將藍寶石鑲成戒指佩戴，成為聖職者的代表。一般人佩帶藍寶石可以獲得神的保護，避免別人的詛咒。
	水瓶座 1.21-2.18	條紋瑪瑙	條紋瑪瑙具有抑制熱情的效果，並且加強宗教思想的理念，因此有些天主教徒拿來作為祈禱用的玫瑰念珠。

註：關於星座與誕生石的說法頗多，此為坊間最常見的對照表。

綠葉的生與死乃是旋風急驟的旋轉，它的更廣大的旋轉圈子乃是天上繁星之間徐緩的轉動。
——印度.泰戈爾

羅馬西斯汀禮拜堂內，由米開朗基羅依聖經故事「創世紀」所繪製的壁畫，圖左為亞當，右為上帝

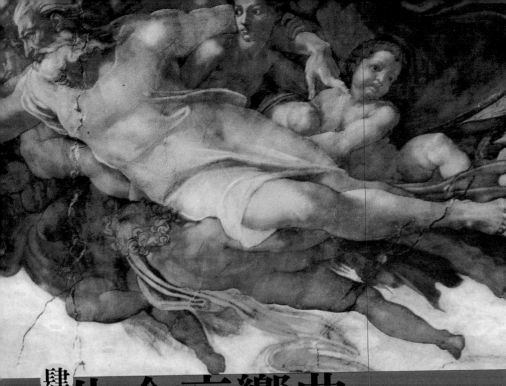

肆 生命交響曲

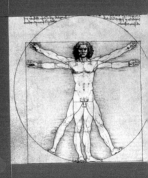

某個不滿釋迦牟尼的弟子，
針對「這世界是有限還是無限的？」
「靈魂和身體是同一的或是個別的？」
「人死後究竟是存在還是不存在？」等問題
要求釋迦牟尼回答，並說
如果他沒有得到滿意的答案，
他將不信佛教。
釋迦牟尼舉了一個例子，
曾有一個人被毒箭所傷，醫生要替他治療箭傷，
沒想到那人卻說如果不告訴他這隻箭是哪裡來的？
是誰射的？上面的毒是什麼？
在沒有得到滿意的答案之前他不願意接受治療。
恐怕此人早就毒發身亡了。
至於你所提的問題縱使找到了解答，
一樣解決不了你生命的難處呀！

宇宙創世廳

「起初神創造天地，地是空虛渾沌、淵面黑暗。神的靈運性在水面上，神說要有光，就有了光。」

——《聖經創世紀》

我們從貝多芬《第九號合唱交響曲》渾沌不明的第一樂章，做為本篇宇宙創世廳的主題配樂。這樂章表現出一種掙扎、不安、神秘的紛亂，宛如創世之前的渾沌狀態，貝多芬(Beethornev Ludwin van,1770-1827)似在搜索一種難以表露的字眼，因而陷入亟欲迸發萌芽的苦痛，然永恆卻始終存在腦海裡的某個神秘地。當旋律斷片被弦樂器急急地搶走後，忽然又重新飛聚結合，像破碎的雕塑品倒帶重回完整的狀態，接著整個管

屏東魯凱族的衣飾，繡有太陽、陶甕及百步蛇的圖案。在魯凱族的傳說中，祖先是卵生的，被放在由百步蛇所保護的陶甕中，因此魯凱族對於百步蛇及陶甕圖騰相當崇敬。

弦樂團演奏出雄偉壯闊的主題向前邁進，以驚天地、泣鬼神的巨大力量撥動時間的第一秒，揭開宇宙創造、生命起源之動人場景。

究竟宇宙是一個循環，還是直線式的擴張？兩百億年前到底發生了什麼事情？科學家說人的眼睛以接受光的方式作觀察，儘管光速以每秒鐘繞行地球七圈半的速度向前飛馳，仰望距離地球九萬光年的銀河。豈知我們現在所看到的某顆距離我們三萬光年的星星，其實是它三萬年前的模樣。想像這趟時光漫遊的兩百億年！這個數目字對於只有約百年壽命的人類來說，實在大得難以想像。

從古希臘文明開始，宇宙學與宗教始終密不可分，而回答世界和人類的

印度神話中，奎師那 Krishna 為了創造宇宙，擴展己身成為毘濕奴 Vishnu，躺在「原因之海」，從皮膚的毛孔流衍出千萬個宇宙。

起源是一切宗教必須解決的論題。從各民族流傳至今的神話傳說，到西元前六世紀畢達哥拉斯的原子論，到十六世紀哥白尼 (Copernicus, 1473-1543) 的太陽中心論，再到愛因斯坦廣義相對論所成形的宇宙膨脹理論，時至今

在最初，只有以人的形體反照出來的大我，因為是反照產生的，除了自我，別無他物，
因此祂的第一句話是：「這是我」── 印度《奧義書》

Bressing

外太空裡有其它的生命型態存在嗎？

日，科學界及宗教界對於這歷史性的一刻都各有詮釋，而莫衷一是。然而，如同追蹤自然科學、史學、藝術學、哲學、宗教等歷史源頭一樣，宇宙創世亦無例外的要上溯到神話這塊聖地。創世神話多係原始宗教的經書，在中國許多民族以詩歌的形式講述創世古歌，如壯族的巫師即將其創世史詩《步洛陀》作為祭祀時的誦詞來吟唱，人病死了就唱「造人」、牛病死了就唱「造牛」；國外則多以散文，古巴比倫的蘇美人亦曾以楔形文字在泥版上刻出「詠世界創造」，最令我們驚訝的是各國的創世神話，竟有在著相當高的同質性。

中國《三五歷紀》、日本《書記》與印度《外道小乘涅槃論》、芬蘭史詩《卡列瓦拉》都有類似蛋生型宇宙的記載：「宇宙是一團旋轉的大氣，大氣越轉越快，最後變成一個圓蛋。破蛋的上半部變成穹蒼的天，上邊的蛋黃變成太陽，上的蛋白變成月亮。蛋裡的斑點變成天上的星星、黑點變成浮雲。」

開闢型的傳說：「天地渾沌如雞子，盤古生其中、萬八千歲、天地開闢、陽清為天、陰濁為地、….盤古死後、頭為四岳、目為日月、脂膏為江海、毛髮為草木…」

與北歐神話裡：「世界巨人依米魯被三兄弟的神所殺，三兄弟遂從其屍體中造出世界：肉變成大地…血變成海、骨頭變成山脈、頭髮變樹木、頭蓋骨變天空、腦髓成雲…」兩者所描述的狀況幾乎相同。

「台灣排灣族神話中的遠古時代，天空很低，像一口倒扣的大鍋。排灣族人住在山洞，出門要彎腰，頭才不會碰到天。一名叫「嘎拉斯」的女人，因懷孕而難以彎腰，她只好到洞口春米，但天擋著杵，丈夫咖道便與她合力將天撐開，天被刺穿出一個大洞、在巨響中升高。結果夫妻二人被捲入天宮，變成月亮和太陽。所以排灣族人稱月亮為『嘎拉斯』；太陽為『咖道』。」

故事竟然接續在漢民族之女媧補天的神話：「當擎天柱被撞倒後，天上出現大窟窿，天河的水不斷往下流，百姓苦不堪言。女媧於是從崑崙山撿來五彩石，熬了九九八十一天，溶成石漿，女媧騎在龍背上，飛到天上將窟窿糊住。時至今日，陝西臨潼以正月二十日為補天節。」

「蒙古的麥德爾女神騎著白色神馬往來奔馳在藍色的水面，神馬的四蹄踏動水面，放射出耀眼的火星。經過燃燒的塵土變成了灰，撒落在水面上，灰越積越厚，逐漸成為一塊無邊無際的大地。」

古人在這些創世神話裡發揮了驚人的想像力，有些甚至幾近荒誕。其實在各宗教經典的記載中也是精彩紛呈，究竟真相如何，或許日後能夠得到證明。不過，我懷疑在你我有生之年，人類能揭開這生命之謎嗎？

十九世紀初達爾文(Darwin, Charles, 1809-1882)發現物競天擇的理論，卻延遲了將近二十年才提出《物種起源論》、《人的由來》，因為達爾文深愛著妻子，而他那位篤信天主教的妻子始終擔心達爾文會因推翻了聖經裡上帝造人與造物的說法而下地獄。當時的宗教氛圍確實教人害怕，而人們也擔心終身所堅信的信念會被一併推翻。不過，歷史證明這樣的擔憂是多慮了，因為人們更需要的是宗教信仰在人生旅途中做指引，協助拔除我們身上這隻危及生命的毒箭。

人類直立的過程，每個關鍵點都充滿著神秘。

有些故事或許你會覺得荒誕，但智者多可從中獲得啟示。

地水火風

法國大導演盧貝松在其電影「第五元素」中描述，只要將地、水、火、風、愛這五種元素相結合，即能迸發出極驚人的能量以拯救世界。希臘哲學家泰勒斯（Thales, 640-540 B.C.）認為水是宇宙的本源；赫拉克利特斯（Heraclitus, 556-469 B.C.）認為火是形成世界的要素；中國春秋戰國時提出金、木、水、火、土的五行思想；古印度思想家在《吠陀》、《梵書》、《奧義書》提出地、水、火、風四大種子的說法。這幾個基本元素在宗教上的表現極為深刻，各有許多象徵意義的儀式配合。

從外在來看，地、水、火、風所產生出來的巨大力量，如地震、水災、火災、颱風，至今仍讓人類常陷於毫無辦法解決的窘境，然而天地不仁，

這或許是一種大自然的反撲或是提醒，來警示人們應多重視與周遭萬物之間的平衡。尤其是近年來溫室效應導致全球溫度上升以及過度追求商業利潤所造成的環境污染，人們貪婪地預支後代子孫的財富，而人心的不足又似乎沒有止境，我們不禁擔心這顆美麗的藍色星球會不會因此黯淡蒙塵？

而愛呢？更多人在追求愛的過程中是為愛而煩惱、而痛苦，又因人們在意的這種愛，只是局限在一兩個人身上的「小愛」，若能化小愛為「大愛」，以永不乾涸的慈悲心作奉獻，以一切眾生為對象，奇怪的是，這種從信仰中所產生的愛，你給的越多，給你的也越多。我們從許多宗教家的身上可以看到，也被他們的行止所感動的。

印度佛雕石窟　　　　　　　　　野柳保安宮的泳

當我們能瞭解並掌握風、火、潮水與地心引力之後，我們期待人類能發揮最大的愛的力量，這將是歷史上第二次發現的「火」！

其實，在我們的內心也存在著「地、水、火、風、空」潛在的外五大，感官也是由心所產生：人體的肉、骨與地面相仿的硬質、與嗅覺器官（鼻）是「地大」；血、味覺器官（舌）和身體內流動的液體是「水大」；體溫、色澤、視覺器官（眼）是「火大」；呼吸、觸覺器官（身）是「風大」；身體的腔穴、聽覺器官（耳）是「空大」；人類由五大所成，並藉著這個身心複合的身體來認識外在世界。若五大分離，人即死亡。(此部分內容在「生命之旅」的死亡中將繼續引述) 在藏傳佛教象徵宇宙

的曼陀羅上面，最外面一圈火焰輪即是地、水、火、風，經常以黃、赤、綠、白來顯現。

以下我們將根據四大元素地、水、火、風、加上五行中的金，它們在宗教上的表現作說明。至於佛教中「空」的境界，我們將在華嚴世界中討論。

東港東隆宮燒王船儀式　　　　　四川藏傳佛教之舍利塔與風馬旗

地

印度教的「靈迦」Linga是結合陰莖與女性生殖器官的雕塑（濕婆的象徵），曾有一位苦行者把腳放在上面休息，路過的祭司斥責他褻瀆了神聖的象徵。

苦行者：「那麼可否請你將我的腳放在沒有神聖象徵的地方？」

祭司將苦行者的腳抬到右邊，地上隨即冒出一個陰莖，就像當初放在那座雕塑

一樣。不論移到何處都有另一個陰莖承接住苦行者的腳。

祭司這才瞭解了，他謙遜的向苦行者鞠躬致敬後離開。

靈迦面門，砂岩六世紀，25-76.5-25公分
館藏之靈迦面門，整件雕塑非常的具象，濕婆神就在當中，厚唇細眼，典型的柬埔寨風格作品。濕婆擁有毀天滅地的破壞力，但破壞之後必然有重生，以此生養大地萬物，故濕婆也成為男性性力的象徵，我們稱之為靈迦。印度教中的性力派，就以崇拜濕婆象徵的靈迦而聞名。

日本和歌山縣高野山的地藏王菩薩

舍利

緬甸佛牙寺。當時為迎請大陸法門寺之佛牙舍利而興建此寺，現藏以象牙複製的佛牙。

「舍利」是梵語，意為遺骨、身骨，指高僧死後焚燒所遺之骨頭。據載釋迦牟尼火化後得四萬八千粒猶如金剛的微粒舍利，被分別迎請至各地供奉，不過現在世界上可以考證確實是釋迦牟尼的舍利已經沒幾顆了。

土地公

福德正神古有后土、社神、社公等諸名稱，民間習稱為土地公，視之為隨時隨地的保護神。一般土地公廟都不大，但四處可見，故有「田頭田尾土地公」之說。在都市地區的土地公已由農業之神變為商業之神，所以商家們都供奉土地公，因此造型之多變與可親性近性也是所有神像之最。

在大陸，土地婆亦受到尊敬，「公公十分公道，婆婆一片婆心。」但亦有傳說土地公心腸軟，常設法幫助窮人致富、或使死人復活，但土地婆總是加以勸止，故民間多只供奉土地公的廟。

農曆二月初二為土地公生日，各土地公廟都有祭典，轄區內的民眾，家家戶戶都備牲禮前往祭拜，較大的土地公廟演戲酬神，一演就是數日。亦有還願戲。

人們以建立神聖領域的方式建立聖地。當我們進入歌德式教堂看到垂直向上、高聳入雲的線條時，或者視線隨著清眞寺內圓形大廳那緩緩向外延伸出來的弧度，這些都是以「地」的堅固特質所延伸出的建築物，讚嘆著宗教的偉大、聖潔、與寬容。幾乎所有現存的巨型建築都與宗教有關，故廟宇通常是一個聚落中最高、最大的建築物。例如，八千年前蘇美人位於伊拉克的梯型廟塔，另外就是爲了讓祭司可以更接近天堂。而使徒或先知的墳墓也常成爲人們參訪的聖地，比如

聖彼得大教堂；至於在日本嬰兒的守護神地藏王菩薩、與台灣隨處可見的「土地公」也都是屬「地」的極普及的神祇。

人們在神聖而莊嚴的教堂內舉行儀式，由上帝見證這生命中最值得紀念的一刻。此為菲律賓竹風琴教堂。

廟堂是心靈活動的空間。

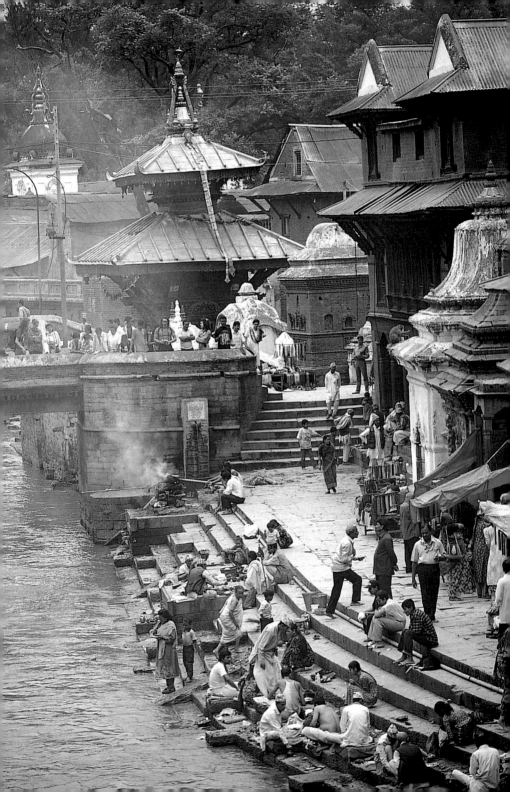

水

上善若水。水善利萬物而不爭，處眾人之所惡，故幾於道。

— 《道德經‧若水章》

什麼東西越洗越髒？答案是水。

水是構成生命的主要元素之一，地球百分之七十都是水，人類文明緊緊地依賴著大河的流域而發展，像底格里斯河、幼發拉底河之於希臘文明；尼羅河之於埃及；黃河之於中國；恆河之於印度。

在許多宗教中，水都具有淨化的義涵：基督宗教中，耶穌基督是透過施洗者約翰在約旦河中受洗；而西元四世紀時東正教和天主教開始用劃十字的方式將洗禮池的水淨化，司鐸在主日彌撒前向會眾灑「聖水」，使信徒進入教堂時追憶自己受洗的經歷。

錫克教首位祖師那納克，也是在沐浴時得到神秘的啟發，因而創立該教。

提到印度的聖河——恆河，傳說是由住在喜馬拉雅山的濕婆神，頭髮上所滴落的汗水匯流而成。因為濕婆擁有改造新世界、及破壞萬物的強大神力，所以印度人相信在恆河沐浴可以淨化渾濁之氣，甚至死後在此火化，將骨灰倒入恆河，就能淨化一生所累積的業障。

在我國佛教信仰裡以灑水的觀世音菩薩代表著滋養與慈悲，手持楊柳淨瓶、遍灑佛水以渡化人間。藏傳佛教裡的觀世音菩薩流下 21 滴眼淚化為度母解救世人苦難。日本神道教的神社入口處，都會設一手水舍讓參拜的民眾先行淨身。類似的還有伊斯蘭教教徒在面對聖地參拜前都會用水來「大淨」或「小淨」、佛教德灌頂、甚至法國境內傳說能治療疾病的青春泉，都說明了水之淨化功能。

左頁：位於恆河上游的尼泊爾加德滿都帕提斯，人們經常在此淨化身心，後方為該地區最神聖的廟宇。

宗教小百科

受洗

受洗是成為教友的重要儀式，在天主教家庭中，嬰兒時期就可以受洗，成年人則需學習教理後方可受洗。

受洗的意義在於赦免原罪，並接受新生命。早期嬰兒的死亡率高，沒有受洗而早夭等於帶著原罪死亡，就無法進天堂。受洗的儀式通常將水倒在額頭上，再由神父念一段經文儀式即告完成。

「這水所表明的洗禮，現在藉由耶穌基督復活也拯救你們；這洗禮本不在乎除掉肉體的污穢，只求在神面前有無愧的良心。」— 《彼得前書三：21》

「真主從天空給你們降下雨水，以便真主用水使你們潔淨。」— 《古蘭經》

火

「我是要用水給你們施洗...祂要用聖靈與火給你們施洗。」

——《約翰福音》

石器撬開了文明的大門，而火照亮了文明的道路，對火的使用從此人與動物作了區分。燧人氏見鳥啄樹、燦然出火，而以小枝鑽火；希臘神話中的普羅米修斯盜火；台灣布農族傳說有「黑必士」的神鳥將火種啣來吐給族人；目前確定五十萬年前的北京人已經懂得使用火了。

火的色彩斑斕、忽生忽滅，頃刻間可吞噬一切。在古代社會，火常被認爲能夠順利燒出適合播種的耕地精靈而受到崇拜。例如中國佤族，人們在燒荒前都需事先舉行儀式，先殺雞，將雞血滴於五隻燃燒的火把，再由五名青壯年點火燒地。在印度，《吠陀經》即是記載祭師在火祭儀式裡讚頌的經典；伊朗地區的原始宗教瑣羅亞斯德教，又稱拜火教，即以拜火及崇拜光明之神瑪智達爲主要信仰。

火亦經常與性能力作聯想，兩者都被認爲是生命之源。雲南阿細人祭拜火神時，村裡的男人赤裸全身、並塗滿各色顏料，以舞蹈將火種送到每個家庭。除了火神以外，以火焚燒祭品獻祭的儀式在許多宗教中亦經常可見，如東港王船祭、中元普渡等。在基督信仰中，人在世時以水淨化，人死後必須接受火的淨化，面對最後的審判。佛教與台灣民間宗教亦有煉獄這類說法。

此為高雄清雲宮之「焚化送神」，以火焚化醮期中迎請的神祇，圓滿一切醮務。

過火

過火（Fire-walking）原是一種相當普遍的宗教儀式，遍佈於世界各地，包括不同宗教傳統的地區，如中國、日本、印度、斯里蘭卡、希臘、保加利亞、太平洋群島及澳洲等地。事實

信心如同明燈的燈心，慈悲如燭油，以念心為器，所發的光即為光德。

台北大龍峒保安宮之過火儀式，作用在驅邪及增加神像的威靈。

上，不同的信仰文化有著不同的過火意義。有的過火是為了展現神的靈力：在西班牙參加過火而毫髮無傷的人，一般相信是因為有神的護佑所致；保加利亞在火石中跳舞過火的人，能同時說出神啟的預言；希臘地區的過火，是在音樂與舞蹈的催眠下進入恍惚狀態，引導神靈附體來進行儀式；古代印度的過火是為了鞏固祭司階級的領導地位。此外，有的過火是在證明自己的清白，或為了考驗個人的自信心。在一些相信火具有潔淨特性的地區，過火具有驅邪除魔或淨化的功能。台灣民間信仰也有各種過火儀式，基本上即屬此類。

普羅米修斯

普羅米修斯 Prometheus 是泰坦神伊阿帕脫斯和忒彌斯的兒子，普羅米修斯在協助宙斯打敗克羅諾斯之後，便回到大地，創造了人類，當他教育人類的時候，覺得火對於人類相當重要，因此便回天上將火偷了下來，交給人類。

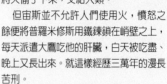

但宙斯並不允許人們使用火，憤怒之餘便將普羅米修斯用鐵鍊鎖在峭壁之上，每天派遣大鷹吃他的肝臟，白天被吃盡、晚上又長出來。就這樣經歷三萬年的漫長苦刑。

普羅米修斯猶不後悔這項決定。他把所有的利益都賜予人們，並將瘟疫、仇恨、忌妒等等不幸的事物，通通鎖在箱子中，避免危害人類。雖然這罪惡的箱子後來被潘度拉打開。

不過，普羅米修斯對於人類而言，仍是帶來光明、幸福的英雄象徵。他這種自我承擔責任的精神，對歐洲的文學藝術起了巨大的鼓舞作用。馬克思甚至讚揚他是哲學與歷史上最高貴的聖者與殉教者。

奧林匹克的聖火

奧運大概是目前最接近「地球村」理想的一項活動。

在希臘羅馬神話中，火並非人間物品，而是由天上而來的榮耀。奧林匹克聖火的點燃遵照古法，在希臘的古奧林匹克運動場以拋物鏡面的太陽爐，將太陽光聚集以點燃位在焦點上的聖火，聖火點燃後由祭司高舉，接著在頭戴桂冠的少女引導下繞行運動場一週，然後在運動場中央由祭司祈求過上天諸神的祝福後，將聖火交給跑者開始繞行世界各地，途中聖火不能熄滅。

風

在我看來，海上的漣漪好似晚禮服
裙擺搖曳的丰姿。我想，有一位天神
正路過此地，而我瞥見了祂的衣裳。

——珍德布里歐《風》

《楚辭》裡充滿了我們對風生水動所
激盪出來的浪漫幻想，還能聽到彷彿青
雲衣兮白霓裳的神君，呼嘯時引動的隱
隱風聲。西藏人相信在石頭上雕刻、或
在布面印製經文，隨著風力的吹拂可將
神聖的祝福傳播出去。風能夠傳遞聲

音、祝福或是天使的祈禱，各民族皆普
遍運用器樂及人聲來表達崇高的宗教情
懷。

據聞登月英雄阿姆斯壯，他在外太
空時聽到一種奇妙的聲音，他認為這
就是宇宙之聲、上帝的話語。後來他
回到地球，竟然在美國的街上也聽到
同樣的聲音，他尋聲找到這個沈穩的
聲音是從一座清真寺裡傳來的頌經
聲，於是阿姆斯壯成為虔誠的伊斯蘭
教穆斯林（教徒）。

我們都知道光線經過三稜鏡會析離
出七種色光，而所有色光聚集即重回

新竹北埔義民廟中元普渡時之「豎篙竿」，包含白天引路的招魂幡、晚上照明的七星燈及吸引路上孤魂的篙錢。

青雲衣兮白霓裳，舉長矢兮射天狼。操余弧兮反淪降，援北斗兮酌桂漿。撰予轡
兮高馳翔，杳冥冥兮以東行。——《楚辭.東君》

白光；但是，你可知道當所有的聲音集合在一起時，你會聽到什麼嗎？你聽到的是——「嗡」（OM）！

印度瑜伽行者認為最重要的東西是不能用看的，而是要用聽的。他們發現從口中後部發出「啊」、與張口到最大發出「喔」，和閉口發出「嗯」，這三個代表初生、成長、死亡的三個音，其實已經包含了所有的母音，而存在母音中的主要聲音便是「嗡」，也就是說所有的字音都是「嗡」聲的片段，正如生命的意象都只是終極的片段一樣。「嗡」是一切熱能的根本音，發出聖音「嗡」，即可以感受到偉大高昂的力量，因為「嗡」所產生的震動與宇宙創造時的波動相同，正如世界上的基督教的阿們（AMEN）、佛教的南無（NAMAS）、伊斯蘭教的阿明（AUMIN）。

你可以採任意坐姿，深深吐氣後，緩緩唱出「嗡」十五分鐘，將自己投入這個震動之中，以進入深度的冥想狀態，維持體內環境穩定、與神合而為一。

佛教《楞嚴經》裡，詳述觀世音菩薩在月夜的岸邊傾聽海潮聲所產生的證悟經驗。菩薩從外在紛雜的聲音裡，一層接著一層的直探內心深處：

「初入聞中，入流忘所。所入既寂，動靜二相，了然不生。如是漸增，聞所聞盡，盡聞不住，覺所覺空。空覺極圓，空所空滅。生滅既滅，寂滅現前。」

月箏

馬來西亞的傳統風箏稱為「月箏」，有新月、半月和滿月。這類風箏被奉為神明之物，其紮製與放飛都有一系列的宗教儀式，不能有絲毫馬虎。

傳說有位庄稼漢好心收留了一個迷路的女孩，結果女孩長大後愈來愈漂亮，他和鄉親們的收成也愈來愈好，村子也愈來愈富足。但是庄稼漢的妻子因妒忌而將女孩趕出家門。結果村子裡的收成一季不如一季、愈來愈窮。後來人們才知道女孩原來是稻神。

人們為了向稻神致歉，他們製作非常漂亮的風箏，並能發出女人後悔的悲哀之聲，讓它飛到稻神所住的天上宮殿，讓祂知道凡間正在受苦。於是馬來西亞放風箏的活動便流傳了下來，每年四月稻穀收穫之後，人們總要舉行大型的放風箏活動來慶祝豐收、感謝神祇。

馬來西亞的傳統風箏在製作方面非常講究：作為骨架的竹子要選擇朝東生長的，取其日出東方的神聖宗教意涵。砍下選好的竹子之後，還要埋在土裡一個月才能取出來使用，據說用這樣的竹子紮製出來的風箏，可以得到太陽神的保護。

他們以為我聽不到他們的秘密和私議嗎？不然，我的天神們就在他們的跟前，記錄他們的言行。
——《古蘭經四十三：80》

音樂

舊約聖經中，大衛曾以豎琴的音樂使狂暴的掃羅王內心平靜。「音樂」是有條理的聲音：旋律構成的音樂可感染情緒，節奏構成的音樂可影響身體，而美妙的和聲更能振奮人心。像巴哈、莫札特、或貝多芬的樂曲中所散發出來的那種超乎俗世的感動力，存在著神聖的宗教感，甚至能超越國界、語言等限制，讓人不禁懷疑這音樂就是神的話語。人們似乎也在這音波的和諧中聆聽自己、並與純粹的精神相連接並獲得指引。

我們的身體就是一座殿堂。畢達哥拉斯發現七色光譜與七種音階存在著

共振的頻率。近年來的研究發現人體的每一個器官，似乎也都代表著特定的色彩與旋律，包括心臟的跳動、血液的流動、肌肉的運動等狀態，共同

進入尼泊爾 Badhanilkantha 寺廟之前要先搖鈴，以聲音作心靈的提醒。

組合成我們的「身體交響樂團」。人，本身就是一件樂器，而從你所特別欣賞的音樂，其實也適度地反映了我們自己的內在。

你可以試著挑選出代表自己的顏色，根據下列圖表找出你的屬性，再比較金色大廳中各宗教的圖騰的代表顏色，你將會有更多驚喜的發現。比如說「七」這個數字，在音階、色譜、星期、星宿等都吐露出許多神秘的巧合。

顏色	音調	相對於人體的精神位置	腺體	人格特徵	可治療之病症 *相關音樂類型
紅	C	脊柱底部	卵巢性腺	活力充沛、獨立性強、有領導才能	貧血、血液循環不良 *舒伯特的《軍隊進行曲》 *霍斯特行星組曲《火星》
橙	D	臀	脾、肝	勇敢、外向、自尊心強	低血壓、神經緊張、恐懼、缺乏信心 *比才《卡門》哈巴涅拉詠歎調 *林姆斯基《西班牙隨想曲》 *霍斯特行星組曲《木星》
黃	E	臍	腎上腺胰腺	内向、善思考、樂觀、情感豐富	胃功能失調、憂鬱症、學習力差 *舒曼《安拉貝斯克》鋼琴曲 *莫札特第26號鋼琴協奏曲
綠	F	心	胸腺	平衡、寧靜、康復力強	心臟、血液循環、各種潰瘍失調 *德布西《月光》 *孟德爾頌《e小調小提琴協奏曲》
藍	G	咽喉	甲狀腺	沈著、具宗教熱忱	高血壓、發燒、皮膚病、緊張、癌症 *舒伯特《聖母頌》 *聖桑《天鵝》 *巴哈《G弦上的詠歎調》 *霍斯特行星組曲《金星》
青	A	雙眉之間	腦下垂體	直覺力與記憶力強，擅與其他世界交流	神經失衡、缺乏熱情 *舒曼《夢幻曲》 *布拉姆斯《c小調第一號交響曲》慢版
紫	B	頭頂	松果體	具奉獻精神，意識到人的神力	缺乏自信、精神方面疾病 *柴可夫斯基《降b小調鋼琴協奏曲》 *李斯特《愛之夢》 *霍斯特行星組曲《海王星》 *葛利果聖歌

註：以上顏色皆相對於中央的八度音。低於八度則顏色較暗、高八度相對的顏色較為明亮。但有些音樂家在演奏時發現每個人的共振位置其實不盡相同。

肆◎生命交響曲　83

我存在，因為歌，因為愛。——鄧禹平

《生命交響曲》 第2樂章
生命之旅

從新生嬰兒所發出的第一聲哭開始，貝多芬第九號交響曲的第二樂章以完整而清明的賦格曲式展開，各種弦樂器、法國號、木管樂器紛紛加入這不能禁抑的輕快節奏與狂歡主題，定音鼓強化整個音形前進，恰似每個人必經的「生命之旅」。諧謔曲段中的旋律斷片，似乎是人類在無止境的追逐世俗快樂的循環裡，卻猶感心中的不滿與不耐。於是類似宗教聖歌的小主題便不時出現，我們發現貝多芬在尋找另一種真實的歡樂，等待內在生命的覺醒。

「命運引導願意的人，拖著不願意的人。」
——亨利·米勒

回想你今日以前的生命歷程，你是否想看到自己在生命終點時的模樣？是否想瞭解你的智慧還有多少的成長空間？嘿！多麼令人期待的生命之旅呀！

生

「人之生也，與憂俱生。壽者惛惛，久憂不死。何苦也！其為形也，亦遠矣！」
——《莊子至樂篇》

「不知生、焉知死？」每個人都曾經歷過「生」，只不過能清楚記得自己「生」是什麼狀況的人恐怕不多。如同佛經所說的出生為人難、現在有生命難、世有佛難、聞佛法難。

「生」在所有的團體都是大事，許多宗教都以他們獨特的儀式，見證這一件開天闢地的喜悅。

下圖：緬甸仰光的雪達根寺之浴佛禮拜。浴佛時，以清水澆淋屬於自己生肖的佛像。

成長

儀式的意義在喚醒年輕生命開始對自己負責任，並以宗教的型態來強調。
—— 神話學者‧坎伯

神道教

在日本，新生兒剛滿月時必須到神社參拜。在每年的十一月神社都會為三、五、七歲兒童舉行慶典，整年的種種節慶標示了個人在家庭中角色的轉換、也加強了神社在社會上的重要性。

一月十五日是日本的「七、五、三」，因為奇數在中國陰陽五行中，象徵陽數，是好的數字。凡年滿三、七歲的女童和三、五歲的男童，當天都會盛裝前往神社祈福。

洗三朝、滿月 (台灣民間信仰)

在以往醫藥不發達的年代，要生養一個小孩並不容易，俗諺云：「生贏雞酒香，生輸四塊板」，代表婦女生養小孩之不易及危險，因此，小孩每到一個階段，都會舉行不同的儀式，祈求小孩能平安健康地長大，並替家庭帶來好運。嬰兒在出生後三天，才正式為嬰兒洗澡，稱為洗三朝。儀式以桂花心、柑葉、龍眼葉、小石頭及銅錢燒開水，替嬰兒淨身，取其去污

健身。慶祝嬰兒出生滿一個月，稱為滿月，以油飯及雞酒祭祀祖先及神佛。娘家的親友則送來嬰兒的衣物作為賀禮。生子的人家再準備油飯、雞酒答謝前來祝賀的親友。

割禮 (猶太教)

所有的猶太男孩都要接受割禮，這習俗最早可以追溯到亞伯拉罕的時代。男孩出生後八天由割禮執行官摩海（Mohel）執行，再以希伯來文為小孩命名，然後舉行宴會慶祝。

做十六歲 (道教)

在閩南人的傳說中，七娘媽是織女的姊姊們，由於同情牛郎與織女的遭遇，因此暗中保護他們的兒女健康長大，因此被視為兒童及青少年的保護神。位於台南的開隆宮「作十六歲」儀式最為獨特，源自於古時府城大西門

下圖：花蓮縣吉安鄉東昌部落海岸阿美的成年儀式，七年舉行一次，八到十四歲的青少年需躍入海中長泳，由族中長老認定其是否通過大海的考驗。

外商行雲集，往來船隻貨物皆須工人搬運，其中也僱用不滿十六歲的童工幫忙，但依規定童工只能領半薪，因此童工滿十六歲時，外婆家便會準備衣服鞋帽等物品，並宴請工頭及親友，證明小孩已成年，以後可以領取大人的全薪。所以在農曆七月七日，父母帶著滿十六歲小孩到開隆宮祭祀，由父母，手持紙糊的「七娘媽亭」立於神案前，子女匍匐穿過供桌及七娘媽亭，男左女右繞三圈，象徵子女的成年。

從桌底下鑽過，以後可以「出人頭地」了。

宗教小百科

藏傳佛教的六道輪迴圖

這是藏傳佛教以圖畫來表現佛教的生死觀。在死神的掌握之中，人對世界的意象，宛如一個不斷旋轉的輪子。

最外面的一圈代表著十二因緣法，表示所有人生的苦，都是因為這種接續不斷的緣起生滅：「無明緣行、行緣識、識緣名色，名色緣六入，六入緣觸，觸緣受，受緣愛，愛緣取，取緣有，有緣生，生緣老、病、死、憂、悲、苦惱。」因情識的程度不一，故有所謂的六道眾生：「人道、畜生道、天人道、地獄道、餓鬼道、阿修羅道」；輪軸中間的豬、雞、蛇，分別代表推動輪子轉動的三種毒「貪、嗔、痴」。佛教希望解決人們心中的痛苦，以超越輪迴，得到涅槃的解脫境界。

結婚

神造人是造男造女。因此，人要離開父母，與妻子連合，二人成為一體。既然如此，夫妻不再是兩個人，乃是一體的了。《馬可福音十：6-8》

基督宗教

清教徒視婚姻為一教會中的小教會。婚姻的真實意義是苦難，因為個人須臣服於一個比自己更高超的事物，而心甘情願的承擔負荷。婚姻在基督教是一件聖事，婚禮通常在教堂中舉行，由神父主持，也是證婚人。整個婚禮儀式都有其意義，最重要的是新人許下對彼此的承諾。

婚禮誓詞：「我娶（嫁與你）你＿＿，做我的妻子（丈夫），我願對你承諾，從今天開始，無論是順境或是逆境，富有或貧窮，將永遠愛你，直到天長地久，並對你永遠忠實。」

男女雙方同意之後，婚姻立即生效，不能反悔，稱為同意禮。接著交換信物，新郎和新娘互為對方戴上戒指。

戒指的由來，據說是普羅米修斯被繫鎖後的殘留物，形狀為圓形，代表永恆的意義。戴在左手無名指的習俗始於羅馬時代，人們相信無名指直通心臟，無名指由太陽神阿波羅守護，願神藉由這個婚姻的記號，賜福婚姻能恆久常存。

請上帝為證，我將永遠愛你。

伊斯蘭教婚禮

在伊斯蘭教徒的信念中，婚姻是履行安拉所賦予的使命。婚姻儀式中，必須先徵得女方的同意是否願意嫁給對方。同意後，男方需提出聘金以供女方婚後花費所需。婚禮需由教長主持，並有見證人婚姻才算生效。伊斯蘭教的婚姻是成年後的責任及義務，男女雙方的權利都是均等。至於可以娶四名妻子之說，乃因創教時連年征戰，男士戰死後遺留下許多孤兒寡婦需要照顧，於是教義始為通融。

台灣民間婚禮

所謂「男大當婚，女大當嫁」，婚姻是人生大事，台灣民間對婚禮的舉行極為講究。古時的婚禮儀式有六個步驟：納彩、問名、納吉、納徵、請期、迎娶，稱為六禮。現在一般簡化成議婚、訂婚及迎娶。在儀式當中，具有祝福婚姻平安幸福及趨吉避凶的意義。

議婚——就是所謂的換八字。媒人會將女方的生辰八字送與男方，供於祖先牌位前請求同意，若是家中平安無事，再將男方的八字送到女方家。在雙方皆同意下，議婚儀式即告完成。

訂婚——正式向雙方的親友宣告婚姻議定，俗稱送定。男方需準備禮品送往女方家，在女方家舉行交換戒指及物品，儀式即告完成。之後由女方設宴款待至親好友，備妥相關禮品回贈

印度拉甲斯坦省傳統的婚禮儀式，新郎騎著裝飾華麗的馬，帶著男童迎娶新娘，男童大都由姊妹的小孩擔任，並且生肖及生辰八字要吉利。

男方，順便將禮餅分送親友。

迎娶——此為婚禮中最隆重的儀式，比較有意思的是當新娘抵達新郎家時，需由童子捧雙柑請出新娘，新娘必須從八卦米篩下走進正廳祭拜祖先，然後入洞房並設宴款待親友，至此婚禮即告完成。

一個人的心很自然地開放給另一個人，也就是聖杯的精神。——坎伯《神話》

死亡

什麼是死去？不就是赤裸的站在風中而融入太陽嗎？停止呼吸又是什麼？只不過是把呼吸從它不息的潮汐中解放出來，以使它能夠上升、擴展，而無牽掛的尋找神？──紀伯倫《先知》

宗教必須解決宇宙生命的所有問題。人生不可避免的「生」，也將無可避免的必須面對「死」，到目前為止還沒有任何人有特權得以例外，什麼也帶不走，留得下來的只有對這個世界的影響。

保羅終身傳教，殉教前說：「因為我活著，就是基督；我死了，就有益處。」《腓立比書一：21》

但肉體的生命結束後，是否還有死後的世界？生與死是以什麼樣的方式聯繫呢？有沒有輪迴？有沒有天堂與地獄？各個宗教在死亡這個階段提出了各自的解釋，或以不同的形式尋求永生的可能。

一粒麥子不落在地裡死了，仍舊是一粒；若是死了，就結出許多子粒來。《約翰福音十二：24》

佛陀告訴痛失愛子的婦人，假如要使她的兒子復活是有法子的，只要她能從沒有死過人的家裡取得米粟來供養。但婦人找遍全印度怎麼找都找不到這樣的家庭，於是她才瞭解死亡是人生必經的歷程。印度教的毀滅之神濕婆，在妻子沙提過世後，悲傷地抱著妻子的屍體四處流浪，但濕婆的狂暴卻造成了宇宙的混亂。結果創造之神毘濕奴將沙提的屍體一片片割下，直到濕婆發現他兩手空空時，才忘懷喪妻之痛，於是返回山洞冥想內觀。

生是幸運嗎？那麼死也是一樣幸運。

藏傳佛教裡形容死亡來臨前會有「地、水、火、風、空」五大的外分解：從身體漸漸失去力量、好像被重物壓迫似的，眼耳鼻舌身的感覺能力下降、容易被激動而錯亂，此為地大溶入水大的徵象。

然後人們開始無法控制身上的液體，口水、眼淚不停流，甚至大小便失禁，緊接著口乾舌燥、身體的覺受減弱，感覺冷熱交替、心情變得暴躁緊張，此時為水大溶入火大的徵象。

等到口鼻完全乾澀、手腳開始冰冷、呼吸越來越急促，聲音與視線趨

終止於衰竭的是「死亡」；但「圓滿」卻終止於無窮。──印度.泰戈爾

上圖：印度思想裡，靈魂在軀體裡經歷生命的變化。當肉體死亡時，靈魂便進入另一軀體，就像人脫下舊衣、換上新裝。
右圖：此為巴布亞紐幾內亞 Papua New Guinea .Aseki 村的燻屍，葬窟上有持箭的男性、也有抱著小孩的母親。
當地人死後，家屬會以其最具特色之姿勢放置在死亡之椅上，然後用樹葉燻製，每年並定期抹上紅土以利屍身的保存。
村人們也經常到此問候死去的族人，彷彿他們還活在世上一般，這是世界極為少見的習俗。

於模糊，火大已逐漸溶入風大。

此時吸氣變得短而費力、呼氣變得越來越粗重時，臨終的人會開始出現因生平行善或作惡所引發的幻覺，於是風大溶入意識，直到氣全部集中在心輪的「生命脈」，突然間呼吸停止，只剩下心口上的微溫，這一趟生命旅程宣告到達了終點。

或有人會酸溜溜地說：「現在都是活人在教死人的事！」這般說法就像駁斥正信的信仰為迷信一般，或許目前我們尚且不知死後的情況，但你我一定都遇得到。不過，合宜的宗教喪葬儀式，很明顯地可以讓活者安慰、死者安心。

史學家發現早在舊石器時代，人們就有埋葬死去同伴的習俗，最初的動機或許不是為了環境衛生，而是出自人們對死者與死亡的一種矛盾情感，包含著希望、恐懼、悲痛與內疚。許多宗教相信，臨死前和死亡的瞬間是極重要轉折點，在中國要替即將死去的人剃頭、洗身、剪指甲，並讓他坐起來以便靈魂能順利脫離肉體。在基督教國家，將死的人需要向牧師作最後的懺悔，以求赦免。

人們普遍認為，若埋葬的儀式舉行得不及時或不合理，死者沒有送到該去的地方，生者恐將遭受意外與不幸。某些宗教相信生死是一種循環，故有一種葬禮是讓死者以屈捲之姿側身躺下，模仿胎兒在母體子宮裡的姿勢，意味著人死後還將再生。

埃及木乃伊

埃及人相信死亡不是生命的結束，聖書的文字亦明示著「你會二度復生」。喪葬程序是為了確保死者可在另一個世界重生，故須提供死者在陰間可賴以存活的所有物品。

對埃及人而言，保存完善的屍體是能否達到永生的關鍵所在，所以屍體被保存成木乃伊，以防止腐壞。身體和棺木上被塗上香甜的松液，肺、肝、胃、腸通常被分開保存在罐中。心臟留在胸腔內，腦部反而是被視為無用而遭丟棄。之後將屍體擱置在鈉鹼之中使其乾燥，並以咒符和珠寶放在亞麻裹屍布裡，來保障死後靈魂在來世的重生。「聖甲蟲寶石」被置於木乃伊的心臟位置，使死者在死後的大審判時不致因其罪念過於沈重而失衡。

死後重生的旅程充滿危機。靈魂脫離肉身後，必須通過佈滿怪獸和妖魔的火煉池，故要通過考驗須仰賴如《亡者之書》上的咒語和魔法的解說。

火葬儀式

由於這項儀式是長子的責任，因此印度教特別重視男孩，家中若是沒有男孩，就沒有辦法舉行這些儀式，往生者就只能成為孤魂野鬼。

天葬

天葬為一般西藏人民的正統葬禮，緣起於佛教義理「菩薩布施、不捨身命」。

藏人認為人死後將屍體分割布施給鷲鷹，靈魂可以昇天得到安息。通常先將屍體蜷曲成坐姿，頭彎到兩膝中間，以藏被包好停屍家中。選擇吉日，由背屍人背至天葬台，由天葬師操刀，從背部剖開，將肌肉與內臟割下切成小塊，另將骨頭敲碎、和著糌粑捏成骨團，餵食鷲鷹。重病或患病者採土葬，是最次級的處理方式。

法老王圖坦卡門的金棺

高僧則以塔葬最為崇高。通常西藏高僧圓寂前會發願將其顱骨作為法器「嘎巴拉」供人使用，藉其生前的修證可以增加後人修法應驗的成果。嘎巴拉為梵語kapala之音譯，是"大悲"與"空性"的象徵，對於修行者也有無常觀的警示。

這件嘎巴拉是一位法王的顱骨，原來供奉在西藏的一座寺廟中，隨著年代的久遠，逐漸縮小成目前的大小，嘎巴拉中間部份微微突起成形，形似藏文的種子字母。

印度教葬禮

從吠陀時期起就相當注重。人死後，便由家人接手葬禮的相關事宜。往生者舉行火化儀式時，家人會唸誦特定的祝禱詞，期使往生者能夠平安地與祖先同在。火化後將骨灰埋進土裡或拋進恆河。待儀式結束，往生者的家人會到河中進行淨身儀式，以消除葬禮期間的不潔狀態。在這段期間，家中的長子仍要持續供養水給亡靈，給予往生路途中的力量。

等到往生者到達另一個世界後，長子會持續舉行祭拜的儀式。

印尼峇里島常見的「善惡門」，對稱的外觀代表善與惡的對立。當地人深信做壞事的人經過時會被兩扇門夾住而動彈不得。

死後的世界——天堂與地獄

一位在人世間做了不少好事的中年人，在他死後，靈魂直昇天國。一名天使穿著雪白的衣裳前來迎接，天使說他可以自由選擇生命的下一站，並先帶他四處參觀。

他們第一站先到天堂。天空傳來輕柔的豎琴聲，人們悠閒的或躺或坐在雲端，一片寧靜祥和的美麗景致。

接著他們再到地獄參觀。陣陣挑動人心的狂野音樂，伴隨著衣著暴露的妖嬈女子，在五光十色的舞池裡手舞足蹈、煙視媚行，男男女女抱在一起恣意地享受肉體歡愉。

中年人見到這般吸引人的景象，急著告訴天使說他想去地獄。

天使：「你確定？決定了就不能後悔。」

中年人：「我十分確定。不會後悔。」

於是天使就帶中年人進地獄大門。誰知道一腳踏入地獄，眼前的酒池肉林馬上變成刀山劍海，衣衫襤褸的男女在水深火熱中慘叫。

中年人大叫：「我剛剛看到的地獄不是這個樣子呀！」

天使：「你剛剛看到的是廣告。」

巴布亞紐幾內亞 Papua New Guinea 的祖靈祭，隊伍前方由帶面具的巫師扮演祖靈，象徵祖先對族人的保護。

　　廣告界尊奉耶穌與佛陀為最佳廣告人，因為祂們當初所廣告的宗教，直到現在還是最受歡迎的，因為它們經得起時間的考驗。但回頭看看我們現在所處的這個 E 世代，傳統的價值觀逐漸頹圯，人們似乎不再追求高尚的人格，反而是笑貧不笑娼。如果讓現在的年輕人選擇扮演天使或者魔鬼，我想選擇魔鬼的人恐怕不再是少數。就像大部分犯罪的人，明知行為不當，卻仍禁不起慾望的誘惑，最後只自食惡果。難怪說「生命如樹」，樹上結什麼樣的果，端視人們種下什麼樣的因。

　　生命樹的觀念存在於許多宗教。在新疆的創世神話中，如人形象一般的創世主哈薩甘創造了天地，讓原本只有圓鏡般大的天、和馬蹄般小的地慢慢成長，後來他用自己的光和熱創造日月。因為地總是在搖晃，哈薩甘便把高山當釘子，釘在大青牛的犄角上（類似印度教神話）。他在大地中心栽種了一棵生命樹，生命樹長大結出茂密的「靈魂」，靈魂像鳥有翅會飛。此

天堂

上帝或其他神靈的住所，也是得救的人、蒙上帝挑選的人、或受上帝祝福的人離開世界、末日審判後的處所。猶太教認為天堂是義人死後復活與上帝同住之地。基督教認為天堂是真正信奉和追隨耶穌基督的人所住之地。伊斯蘭教說天堂是虔誠穆斯林要去的極樂世界。在佛教淨土宗即是西方極樂世界。

地獄

基督宗教、伊斯蘭教、猶太教都認為地獄是亡靈經過最後的審判而受處罰的最終所在。基督教認為地獄是魔鬼與邪惡使者的烈火之境，不信上帝與犯罪的人死後將在地獄接受永生的刑罰。伊斯蘭教說地獄是個大火坑，上架窄橋（類似台灣民間宗教的奈何橋），亡靈須先經過此橋才能到達天堂。印度教根據輪迴轉世的說法，認為地獄只是靈魂經歷的一個階段。道教與佛教基本上也都認為地獄是懲罰滌罪的地方。

時他用黃泥捏了一對空心小泥人，晾乾後在他們肚子上剜了肚臍窩，取來靈魂從小泥人嘴裡吹進去，小泥人便雀躍起來即人類的始祖。若有人死去，生命樹上就會有一片葉子枯萎凋落，凋謝的葉子碰到別的葉子時，那片葉子所代表的人就能聽到聲響，便會知道有人死了。靈魂在另一個世界仍舊存在，並且會保護他們的後代子孫。這雖然較接近薩滿教信仰（原始宗教），但吹入鼻息之說在日本《古事記》與猶太神話亦極為普遍。

地獄圖

靈修與覺醒

兩千五百多年前，29歲的釋迦牟尼
離開妻子、出家為僧，
花了六年的時間認真思考修行，
最後在菩提樹下，
於黎明時的一剎那突然開悟。
據記載，他開悟後曾說：
「奇哉！奇哉！一切眾生草木國土
悉具有如來智慧德相。」
「萬物與我同根。」
從這一刻起，
人類的心靈從此開拓出一個
前所未有的寧靜。

致虛極，守靜篤，萬物並作，吾以
觀其復。夫物芸芸，各歸其根。歸根
曰靜，靜曰復命，復命曰常，知常曰
明。《道德經‧復命章》

曾有一位朋友問老師：「要如何
才能發展出神性？」

老師說：「你試著一個星期不看報
紙、電視，不聽收音機，下班之後也
不要說話，什麼事都別做，試試看。」

「但是現代人怎麼可能完全不接收資
訊，不和人溝通？」

「所以才叫你給自己時間呀！靜下
來，神秘的喜悅就會隨之發生。」

在這個資訊爆炸的時代，環境變化之迅速簡直前所未有，有人甚至認為一天不看新聞就會跟不上時代的腳步。但是，請你稍事思量一下，你有沒有過得比以前幸福或快樂？這是你要的生活品質嗎？我相信多數人的答案都是否定的。為什麼？

進步是對的，問題在於有太多東西根本不是你需要的，包括物質和情緒。你為什麼關心社會上的兇殺案件或者八卦新聞，是出於好奇嗎？這跟你的終極生命有什麼關連？如果沒

神聖的空間有助於性靈的覺醒。圖為斯里蘭卡Buduruvagala地區山壁上的佛教石刻。

謙卑地將自己的未來交給天神，在祈禱中感受心靈的平靜。

有，為什麼要讓這種負面的情緒進入你的生命、影響你的情緒？如佛教《金剛經》所說：「如筏喻者、法尚應捨、何況非法？」生命中美好的東西都追求不完了，哪裡還有時間浪費生命在毫無意義的惡事？許多人在上了年紀，驀然回首他這輩子所走過的路，或許會有一些缺憾與後悔，既然如此，何不儘量減少這些情況的發生？這是你可以決定的。慈濟基金會證嚴法師說要以過秒關的速度過日子，不敷衍、不苟且。以千年後的尺度來思考，當這樣的量度產生之後，你便會發現什麼是你要的、什麼是你不需要的。

靜坐冥想，一直是大多數宗教所強調的，藉由祈禱或禪定來發展智慧、甚至與高靈溝通，並從由衷的沈思中獲得領悟。耶穌接受約翰施洗後在沙漠裡待了四十天，並成功克服了撒旦的誘惑；穆罕默德原是位不識字的駱駝商，他每天到山洞裡去靜坐冥想，直到有一個聲音叫他寫下來，也就成為今天的《古蘭經》；佛陀捨棄王子之尊，獨自在尼連禪河沈思，在內心找到了不受時間影響的寂靜之地。於是魔王投擲過來的貪欲、恐懼的箭矢，紛紛飄落變成崇拜的花朵。祂們也都是藉由冥想達到個人對宇宙奧秘的深刻體認。最令人好奇的是，他們為了

人們經常到聖地，藉由靜坐冥想來體會覺者的領悟。此地為文殊菩薩剃度處。

這是否就是默罕莫德曾經歷過的覺醒經驗？

修行遠離人群，最後得到的領悟卻都是走入人群、利益眾生。

你認為你可以不經過那些在你之前死亡人們的試煉，就可以進入天堂嗎？

不過，覺醒的瞬間是很難說得準，或許一滴閃耀在晨曦花瓣上的露珠，就是讓你感動落淚的覺醒時刻也說不定。從事黑猩猩研究長達四十年的珍古德，在一次看到黑猩猩望著喧流而下的瀑布所露出的敬畏表情時，豁然驚覺我們的祖先在面對風、雨等大自然的偉大力量前，或許也都有過相類似的表情，是否這就是許多原始宗教的開始，祂教導我們要以敬畏的心尊敬神秘的造物，平等和諧的對待萬物，將自己融入在大自然裡，而不以人的角色觀看這個世界。

觀想

　　心理學家榮格主張當我們的潛意識和其他潛意識結合後，中心會成為大宇宙的核心，結合後的圖形與曼荼羅相同，因此可藉由注視曼荼羅來進行冥想，與宇宙的核心結合為一體，獲得強大的力量。（可參照宇宙之眼）

　　「生命覺醒區」，以影音記錄下包括聖嚴法師及許多宗教家的覺醒經驗；而「冥想教室」裡介紹各宗教的修行方式，並運用燈光、音效協助觀眾摒除外在的干擾，創造出一種舒緩寧靜的氣氛，你可以在這裡打坐、發呆、或者「看熱鬧」，因為心靈的體會是一種如人飲水、冷暖自知的過程。

傾聽我們、希望我們的話可以感動你，讓你越來越顯示出自己的本然。

「坐靜的人能禁止各種罪惡，能得到一切善功的代價。」《古蘭經》

許多宗教認為反覆唸誦某一靈驗的聲音、詞語可以洗滌心靈，或以音樂誘發來加深默唸也十分普遍，天主教的念珠、藏傳佛教中的轉經輪也都有助於潛思，或以靜慮的方式觀照同一個主題，來隔絕其他念頭。

靜下來吧！不要做心靈上的懶鬼！

因為你就是自己的解放者！

貝多芬在第三樂章慢版的旋律裡，娓娓道出他對生命的期待，震顫的弦樂宣敘出許多奇妙的感覺，包含了滿足、渴望、與默想時的憂鬱，經由深刻的反省探索出最後的歡樂胚胎，好像是得到了永恆的保證，與萬物冥合的覺醒體驗！

先知預言

預言可能來自異象，在音樂、舞蹈、擊鼓、劇烈動作、甚至做出自殘的行為達到某種出神入化狀態來得到啓發。這時的先知或祭司據稱為某神靈附體，以神的語氣說話。亦有占卜者藉由觀察飛鳥、手相、籤示、或燔祭的火焰來預言未來。

先知可分為幾種：「預卜先知」預言未來，傳達神的旨意；「創教先知」聲稱自己所獲得的啓示與眾不同，於是吸引門徒跟從而逐步開創出新的宗教，如瑣羅亞斯德、耶穌、穆罕默德。「改革先知」警世誨人，以古為訓淨化社會，如舊約中的阿摩斯、耶利米。

天啓

伊斯蘭教稱《古蘭經》為最後一本受到天啓的經書，我也曾聽一位有名牧師佈道時說：「聖經之後，不再有文字的天啓了。」諸如此類的說法究竟正確與否，我們凡夫俗子無由判別，我們也不知道誰有這麼大的權利說上帝不會再給予人類啓發？既然上帝無所不在，我相信上帝必定也存在文字裡、大自然裡，賜予萬事萬物祂的恩賜與教導。

下圖：在世界各地，掌管收穫的農業之神都受到人民的崇敬。圖為蘭嶼朗島達悟族（雅美族）每年六月小米收成時舉行祭典，由男性主舞請神引靈報信，以舞蹈歡慶豐收。

台灣民俗——驅魔

高雄青雲寺的跳鍾馗

宗 教 小 百 科

撒旦（Satan）

撒旦怎能趕出撒旦呢？《馬可福音三：23》

撒旦從有聖經以來即已存在，他化身為不同的人物，挑戰耶穌的信徒與教條，試煉人性的脆弱與罪惡。經過長久時間的演變，撒旦不僅是惡魔的化身，更是掌管地獄的主宰者。而善與惡之間的對抗，始終是各宗教的基本命題。然人們相信這些都是造物者所安排的旨意。

驅魔的儀式有非常多種，台灣民間以跳鍾馗最為人所熟知。鍾馗相傳為唐代科舉狀元，因其貌不揚，在晉見皇帝當天被趕出大殿，一怒之下撞柱身亡。皇帝事後懊悔，賜鍾馗青銅寶劍，負責斬妖除魔。

跳鍾馗的儀式分為真人裝扮及懸絲傀儡等方式，具有消災除禍及驅邪鎮煞意義。跳鍾馗出現在開廟門、謝土、開台、送孤、壓火災、呼魂及開莊等場合，其中送孤用於中元普渡儀式結束後，以跳鍾馗的方式驅趕各路孤魂野鬼，重回地府；呼魂則是在災禍現場舉行，由傀儡戲呼魂，家屬在旁焚燒紙錢，道士普渡孤魂野鬼，以防災禍再次發生；開莊的用意驅除新開發的村落中的凶神惡煞，以利新居，此儀式的難度最高最為凶險，演師若是沒有十足把握，絕不輕易跳鍾馗。

跳鍾馗儀式進行時，有相當多的禁忌需要遵守。時間通常選在過午及深夜，因為這個時辰主陰，利於除煞，所以陰氣較重或者抵抗力弱的人，如戴孝者或者孕婦小孩，禁止觀看跳鍾馗，以免被邪物所侵。

儀式進行時，煞氣很重，現場的觀眾必須佩帶護身符，嚴禁開口，特別是不得呼喊他人姓名，附近的住戶也需緊閉門窗，以免孤魂野鬼被驅趕至無路可逃時誤闖民宅。因此，跳鍾馗被蒙上一層神秘的色彩，然未嘗不是一種利用宗教儀式，整合社群資源來消弭禍害的好方法。

只管走過去，不必逗留著去採了花朵來保存，因為一路上，花朵自會繼續開放。——印度·泰戈爾

Bressing

華嚴世界

這紫杉的一截
是我先人的舊識，
樹枝底的枝椏：
許是他的髮妻，
原本鮮活的血肉之軀，
如今皆化為嫩綠的新枝。
這草地必然是百年前
那渴求安眠女子的化身，
而許久前我無緣相識的那位佳麗，
或者已凝為這株薔薇的魂魄。
所以他們並未長眠於地下，
而只是化作花樹的血脈經絡
充斥於天地萬物之間，
再次領受陽光雨露
以及前世造化賦形的活力！
　　　——英國詩人哈代 (Hardy, Thomas, 1840-1928)

原始湯

每當在電影螢幕前，看到太空人漂浮在閃耀著寶藍色光彩的地球上空時，相信很多人的心中都會升起相同的感受，這世上怎麼會有如此令人心動的湛藍？好靜！好美！

哲學家費希特(Fichto, J.G., 1762-1814) 說：「大自然源自一個更高的、無意識的想像力。」大約在四十六億年前，宇宙創造者的大手，輕巧地將地球安置在這方最適合生命繁衍的位置，於是，地球以穩定的速度滑行於星海的軌道之上，而宇宙射線奇妙地激發出「原始湯」裡的DNA，形成最初的遺傳物質，在陽光雨露的細心呵護下，大地之母開始迎接第一個生命的誕生。數以萬計的生命開始活潑潑地舞動跳躍，從不斷的創造與分享中，完成各自獨特的歷程。整個創生過程設計之精確與神秘，教人難以想像！生命宛如搭乘在「地球」這艘航行於時間與空間長河的方舟，以接力賽的方式，將生命與經驗一棒一棒地傳承下去，以寫就永恆的史書。何其有幸，人類也是其中的一份子，而現在這棒子交到了你我的手上！我們誕生了！

想像您第一次睜開眼睛，好奇的接觸這全新世界時，那陽光的溫度、親人的笑容、水的澄澈、火的舞姿、花的鮮豔、草原的芳馨氣息，至今依然教人興奮不已。而隨著年紀漸長，從為人子女、到為人父母，心智逐漸能對萬事萬物生發出獨特的見解，甚至

當旭日東昇，詩人柏克萊問道：「你可看到太陽的光環？不，我只看到無數的天使高唱出全能上帝的神聖！」

越南頭頓在法國統治時期所建之耶穌神像，約二十層樓高，故名為耶穌山。

有能力影響周遭的環境，你是否也開始感受到這支「接力棒」的重量？是責任嗎？回首來時路，祖先們到底留給我們什麼樣的啟示？在人類以天賦的獨特創造力。形塑出地表上偉大的成就與感人故事的同時，我們似乎也嗅到了文明背後的血腥味，不禁教人汗如雨下：戰爭、戰爭、戰爭、接下來的還是戰爭。

人類是病毒？

回顧戰爭紀錄片中，一個挨著一個的無助眼神、和為了堅持某種信念的狂熱表情，一幕接著一幕槍林彈雨後變成屍橫遍野、血流成河，我們很難以理智來解釋，為什麼自稱是萬物之靈的人類，會選擇以如此絕裂的手段來解決問題？難怪電影「駭客任務」裡的電腦人認為人類絕對不是哺乳動物，因為世上沒有任何一種哺乳動物會去破壞自己的生存環境。而人類卻是每到一處，必定會將當地的資源徹底搜刮，完全不理會是否會對大自然的平衡造成破壞。而這種習性在地球上確實也有一種生物與人類的習性極為相似，那就是──病毒。唉！難怪喬伊斯(James Joyce, 1882-1915) 會說：「歷史是我企圖覺醒的惡夢。」

真的，不要再重蹈覆轍了！這麼多性命的犧牲所換來的教訓，難道還不夠清楚嗎？暴力只會帶來更多的暴力！過去的錯誤既然已經鑄成，我們應該學習懺悔、寬容，避免同樣的錯誤再度發生。否則，以目前人類的聰明才智所發展出來的殺人武器，下一次的世界大戰絕對是毀天滅地的徹底絕滅！沒有任何僥倖！

與佛陀、耶穌流著相同的血液

宗教極美！但是宗教間的仇恨卻也是最難化解的問題，羅素說：「最激烈的爭論，總是發生在雙方都拿不出令人信服的論據之時。」既然誰都說不清楚，那麼凡人就不該去干涉上帝的事，讓「神」祂們自己去決定真理

他把刀劍當作他的上帝，當他的刀劍勝利時，他卻失敗了。──印度．泰戈爾

吧！不要隨便打著上帝的招牌去滿足個人的私慾，沒有任何戰爭是神聖的，沒有任何殺戮是合理的，難道你的敵人不是上帝所賦形的生命嗎？甚至大自然裡的哪一條生命不是上帝的傑作呢？

其實，我們最需要的是感謝！我們今天之所以能夠存活，吃的所有食物，包括動物、植物，都是他們犧牲生命來維持我們的生命機能。這也是為什麼許多宗教在進食之前，一定要祈禱感謝，這不是虛有其表的儀式，而是發自內心對造物的虔誠謝意。因為我們一旦與世界有了彼此一體的認識之後，那麼人生觀就會完全改變，

因為我們與佛陀、耶穌和那些可憎的人都流著相同的血液，並且也都隱藏著覺悟的可能性。

生，燦如夏花
死，美如秋葉

在這個地、水、火、風組成的世界裡，沒有任何物質是恆久不變。但是，當個人的生命存在了有益於人群的品質時，他便會像佛陀與耶穌一樣被人懷念，而且時間隔得愈久、愈教人懷念！這種永恆存在的意識，也正是祂們千年以前希冀傳達給我們的真理。重點不在於先知們說了些什麼、

生活裡的一切所需，都是大地的恩賜，都應該心存感謝。

Bressing

或者你贊成與否，而是祂們提供了一個方向、引導著我們以適當的態度來面對生命的無常。

「存在」本身並不是一件容易的事，其實帶著相當程度的幸運，任何一顆小行星一不小心轉向地球的方向，或者太陽黑子有一丁點兒的異常，都可能造成全人類的死亡，就像恐龍的滅絕一樣。正因為生命短促、人生無常，我們更應該珍惜目前所擁有的一切，盡力去做那些應該做的對的事情，不要空留遺恨，讓「生，燦如夏花；死，美如秋葉」，在這百花爭豔的諸神花園，這也是所有偉大的信仰教導我們的。

萬一你睡著了呢？萬一你在睡眠時作夢了呢？萬一你在夢中到了天堂，在那兒摘下了一朵奇異而美麗的花？萬一當你醒來時，花兒正在手中？啊，那時你該如何呢？──英國詩人柯立芝

「華嚴」一詞，源自佛教經典《大方廣佛華嚴經》，為釋迦牟尼對於生命真相的體悟，主要闡釋「一即一切、一切即一」的理念。「華嚴世界」以珠玉之網的概念作延伸，以劇場的手法詮釋：「每個宗教就像不同的軟體，以各自的符號及功能，協助不同的生命個體『一』來接近神性，並重新連接宇宙眾生，形成『一切』的共同體。」

上圖：不丹 Thimphu Simtokha Dzong 廟內具現代美術感的曼荼羅圖，歷史悠久。
右圖：大自然裡存在著許多令人難以理解的神蹟，教人不由得相信神是確實存在的。此地為吉鐵萬的飛來石寺，此巨石竟能以看似不平衡的狀態懸在懸崖上，人們認為是神力的顯現，便在巨石上建了一座寺廟，並認為一生中一定要到此地朝聖一次，如今石上已被朝聖者貼滿了金箔。

陀：「奇哉！奇哉！一切眾生草木國土悉具有如來智慧德相。」

其實，「華嚴世界」還蘊藏了許多象徵意義：劇場的外觀宛如神話中的「宇宙之蛋」。在許多種族的創世神話中，世界從無到有、然後變成一個蛋，經過一年孵化後分裂為二，一部份蛋殼變成金、一部份變成是銀。金的是天空、銀的是地球，外層的薄膜是山、內層的是雲霧、血管是河流、裡面的液體是海水。宇宙之蛋的殼形成空間架構、內部則是自然生命的動力。

這裡也像最基礎的「原子模型」。四條連接外界電路的纜線，猶如四根提供鍵結的原子鍵，所有的可能性應運而生：原子組成各種物質、音符組成樂曲、單字組成意義、人民組成社會國家、時空組成宇宙。四名觀眾在劇場設計的四個方位，經由個人意志的選擇，透過電腦與其他參與者的選項產生連接，而後交叉串連的結果，將投射到劇場內的巨型螢幕，誕生出一個有情緒感受的小宇宙。換句話說，觀眾從意識行為所提供的宗教信仰內涵，將會在華嚴世界上方的大宇宙中呈現出集體的潛意識。這也暗合了榮格所提出的潛意識圖案，因為萬物本身並不是單獨存在，如「渾沌理論」所言，我們每一個念頭都會對全世界造成影響。你能想像北京一隻蝴蝶拍動翅膀對空氣造成的波動，可能就是引發紐約下個月的暴風雨的原因嗎？

我們能否從一粒沙中看到全世界，一朵花裡見到天堂，決定於我們的感性的程度，決定在自己是否有福至心靈的領悟。

我們以虔誠的心為你祝福，也為我們祝福。

如夢幻泡影的空

　　所有宗教都十分肯定祈禱、唸咒的功效，能將內心的能量轉化為外在可實踐的力量，如同《相對論》中的質能互換，能量可以在「空」中以某種型態傳遞，並在另一個時空重新出現。

　　在「全像理論」裡，當我們思念親人或者回憶起年輕時的戀情，你會驚覺你能馬上回到當初的記憶，而當時的人物、感覺、味道、情緒似乎又重新上演，所有的喜樂悲歡可能在瞬間就能催你落淚，雖然往事難追，但它確實在永恆的歷史中留下了印記。記憶像電影一般，似乎在另一個時空中存活了下來，而且確實存在著影響力。然而一切都是虛空的，如同虛擬的網路世界裡，更容易讓人體會到一切如夢幻泡影的「空」。

　　我們都知道，沒有空，地球根本無法在太陽系中運動，沒有空，我們連呼吸的機制都無法作用。空，確實存在物質界，卻又難以具像表現，它是微觀中電子與原子核間的遙遠距離，是巨觀底下地球與星系間的無垠空間，也是華嚴劇場表現於藍穹天頂上珠玉之網的寶石，顯示出24種人類至真、至善、至美的質地，這也是所有偉大宗教的共同特質，宗教信仰即是將個人意識網路，轉化成愛的生命網路之重要媒介。

台北平溪施放三十餘尺的天燈王。天燈從原來傳遞訊息的功能，現則為轉變為向天祈福的民俗。

「全像」立體攝影

　　雷射光以一個固定的角度與直射光同時在同一張相片上顯影，人們即可以藉由同樣角度的光線看到相片上立體的影像。通常我們將相紙撕成兩半，只能看到其中一半的影像，但全像攝影的作品，既使將相片切割得再小，我們依然可以在某一特定的角度下看到完整的圖像。科學家發現我們的記憶方式其實很類似全像的紀錄法，世間所有的言行舉止都與整個環境相互關連，一切都是全像的一部份呈現，端視我們從哪一個角度來觀察。

神如是說：「我有四個孩子，你也有四個孩子。你的孩子是兒子、女僕、男僕、女傭，我的孩子則為孤兒、寡婦、外地人和教士。我照顧你的孩子，請你也照顧我的孩子。」——《猶太法典》

華嚴世界裡欣然開放

我存在，因為歌，因為愛。世界宗教博物館是座推愛的博物館，而華嚴世界就是博物館的心臟，所有參觀者就是心的血輪，從靜脈進入華嚴，然後再從動脈將淨化後的愛的能量推送出去。你不能不愛，因為那都是你，除非你不懂。

我們可以從一滴海水裡品嚐到整個大海的風味，也可以藉由檢查一滴血液，知道我們的身體狀況。例如，我的身上流著我的父母親的血，我攜帶著他們的基因，或者他們的基因活在我的身上，換句話說我的父母親是過去的「我」。我這一代的血液具有兩人的成份，二代即有六人的成份（父母、祖父母、外祖父母），三代有十四人，推溯至十代即有兩千零四十六人的血液存在你的體內，二十代有一百萬人，三十代就有二十一億。一代平均壽命以三十歲計算，三十代有九百年，就有二十億個我的存在。溯源至五百萬年前，那麼與我有關係的人將是個天文數字，而且並非只有「我」如此。地球上的每個人其實都載負著同一個世界的血脈，都是這艘方舟上的 DNA。每一件事物都是緊密相關的：我們所做、所說、所想的一切，都會對自己、對別人、對任何事、甚

右圖：尼泊爾 Swayambhounath 寺，在滿天神佛的氛圍中，閃爍著「珠玉之網」的二十四種宗教美德。

至對全宇宙造成影響，這即是生命實相，也就是華嚴的精髓：「一即一切、一切即一。」

這一趟參觀宗博館的生命之旅，觀眾從進入「宇宙創世廳」開始，在你的心底就靜靜地栽植了生命實相的種子，在遍覽生、老、病、死的生命現象裡，冥想萬物合一的覺醒經驗，而

● Peace 和平

● Love 愛

● Virtue

● Goodness 良善

● Joy 喜樂

● Blessing 祝福

● Confession 懺悔

● Devotion 奉獻

● Compassion 慈悲

● Harmony 和諧

● Serenity 清靜

● Purification 潔淨

這一切都是為了等待「華嚴世界」裡的欣然開放。當你結束旅程、離開博物館，此時，你的心靈已經在無形中得到了淨化、並帶著祝福——也就是偉大先知最讓我們懷念的「意識」，種子發芽茁壯，然後在世界各個角落散播更多愛的種子，唱出與萬物的旋律相應和的生命之歌。

佛身充滿法界，普現於一切眾生前，隨緣赴感無不週時。——《華嚴經》

仰望星塵，銀河系裡的每一點星光，都和我們來自同一個源頭，我們都是宇宙大爆炸時的兄弟姊妹。

如果我們在廣袤無垠的穹蒼下沈思而忘了自己，想到遙遠的過去和未臨的將來；或者，倘使我們的眼睛看到

• Prayer 祈願
• Illumination 光耀
• Truth 真理
• Wisdom 智慧
• Tolerance 寬容
• Mercy 憐憫
• Sincerity 真誠
• Faith 信仰
• Endurance 忍辱
• Devoutness 修行
• Loyalty 忠誠
• Transcendence 超然

你微微的笑著，不同我說什麼話，而我覺得，為了這個，我已經等待得久了。——印度.泰戈爾

星空中有數不盡的閃亮星光，致使意識上因感到宇宙之無窮，而自覺到自我的渺小....，這樣，片刻前擾亂我們心靈的浩瀚宇宙遂起了變化，使我們感到與神同在、與天地合而為一。

——哲學家叔本華

　　地球之美，源自於與我同在的所有生命，我們和地球均脆弱無力地存在宇宙間，上帝藉著一條細絲與我們連接，藉由信仰，我經常可深刻感受到神的存在無須任何說明，這便是神的恩寵。神似乎以人的型態一般存在你我的左右，令我內心感到無比的喜悅，彷彿貝多芬「合唱交響曲」第四樂章的旋律悠然響起，先是以一把大提琴獨奏引出「友愛」的題旨，接著另一把大提琴也攜手加入重覆演奏，然後在全體弦樂步步趨上的瞬間，貝多芬確實感覺到這件作品中的確有某些東西大大地超過了他所能想像的音樂力量，既使用盡所有的樂器，也不足以表達這種完整性，於是貝多芬史無前例地在交響樂裡加入人聲——男女混聲的大合唱。四重唱輪番交錯，從華彩的樂段開始，到單獨男生部的剛毅斷言為止，歡樂的主題在旋律、節奏、速度、和結構上不斷地變化更新，有時用合唱、四重唱、獨唱等方式相互結合。這不正是說明了每個人的意識究竟不同，若不能自我管制來達到整體的和諧，那麼談什麼自由、平等、博愛都是無用的。友愛的建立應該由個人修身做起，從一人、到二人、到三人、到全體人類共同張開雙臂、牽起手來，我們才能唱出擁抱全宇宙生命的繞樑旋律——「歡樂頌」。

快樂呀！你上帝的子孫！
樂園的兒女！帶著愉快的光芒和歡樂
神喲！我們來到你的跟前，
那些因刻薄的習俗而隔閡的人群，
由於你神力的牽引得以重新歡聚：
在你仁慈的羽翼下，
所有的人們都變成兄弟。

獲得恩賜的人們啊！
做忠實的朋友吧！
擁有愛妻的人們啊！
請用你們的聲音來歌唱我們的曲調。是的，
只要你擁有一個屬於你的心靈。
來吧！請參加我們的合唱，
但是沒有這福份的人兒，
讓他哭泣著離開吧！
飲著滿溢的歡樂的甘露，
廣大的自然慷慨地賜恩，

給正直和所有的人們，
祝福一切凡有氣息的。
自然給予我們愛與酒，
和永不泯滅的友情，既使再小的
蟲豸也會感到生命的歡樂，
宛如天使與上帝同往。

跪拜在上帝的面前，
千萬的人們喲！
你可覺得和造物者靠近了嗎？
到群星之上去尋找祂吧！
弟兄們！弟兄們！
到祂寶座之前，去崇拜祂！

擁抱你，千萬的人們喲，
親吻這地上的眾人吧！
弟兄們，在那星星之上，
必有一位仁慈的天父。

《歡樂頌》為德國詩人席勒之作品，由貝多芬譜曲。這段旋律被收錄在太空船上，作為與
外星生命接觸的第一個聲音。底圖為英國 Chester 天主教堂上之彩繪玻璃。

伍 世界宗教展示大廳

《吠陀經》：「真理只有一個，哲人用不同的語言形容它。」
語言，只是一種形容的工具。對於真理，或許在一座教堂、
一間廟宇、一朵花開、或者一個日落中，你就可以感受到那
種偉大的神秘、與無限的活力。

宗教的教義充滿了真理，在世界宗教展示大廳裡，選出了十
個歷史悠久且信仰人口眾多的宗教：有基督宗教、伊斯蘭
教、神道教、印度教、猶太教、道教、錫克教及佛教，加上
古代埃及宗教、原始馬雅宗教與台灣人的信仰來做展示。希
望藉由展版及各宗教文物塑造出來的獨特氛圍，讓觀眾在參
觀的過程中也能體會出這些宗教內在的深刻意義。

三枚戒指的故事

　　從前有個大富翁，他有三個十分疼愛的兒子。富翁想把一枚讓他如願致富的戒指傳給其中一個兒子，但卻無法決定到底給誰？於是富翁的親信請一名鬼斧神工的金匠打造出另外兩個連這富翁都分不清楚、完全一模一樣的戒指。

　　後來富翁在臨終前將兒子一個個單獨地叫到房間，他給每個兒子一枚戒指，並告訴他們一樣的話：「我已不久於人世，我要給你這個帶給我一生財富的魔術戒指給你。我對你們三兄弟都一樣的喜歡，但我只有這一個戒指而已，所以你其他兄弟都沒有辦法有這種戒指。將來如果他們發生經濟困難，我希望你用這戒指幫忙他們。」

　　不久，老人也就過世了，而三個兒子在均分財產後分道揚鑣，事業也都十分成功。

　　十年後，他們兄弟第一次重聚，在歡暢別後時，老大突然表示有一個秘密一直如梗在喉，當年爸爸過世前把我找去，給了一枚讓他致富的魔術戒指。爸爸對我說他實在很想也給你們這種戒指，但他只有一個，所以他要我在你們需要幫忙的時候一定要全力幫助你們。然而你倆這些年都與我一樣的成功而使我沒有機會幫忙你們，但我今天非把這話說出無法安枕。」

　　講完後，老二、老三也搶著說出一樣的話，本來十分和諧的兄弟突然間竟為了證明誰的戒指才是真的而爭得面紅耳赤。

　　這時當年父親的親信突然出現，他語意深長地對他們說：「你父親當年就是希望你們都能深信自己的戒指能幫你致富，而且也能有心幫忙其他兄弟。我相信你父親看到你們今天各自的成就，一定會非常高興，但你們再這樣爭吵誰的戒指才是真的又有什麼意義呢？」

　　「你們要知道這三枚戒指的名字嗎？一個叫〝佛教〞，一個叫〝基督教〞，一個叫〝伊斯蘭教〞。」

　　其實，戒指豈止三枚。

忍辱　　祝福　　和諧

潔淨　　Wisdom

懺悔

Tolerance

奉獻　　奉獻

基督宗教

福音、耶穌、教會、使命、修道院生活制度、和平與社會正義。

　　基督宗教與耶穌的生平密不可分，耶穌的誕生、傳道、死亡、復活、升天等事蹟，都是上帝在人世間展示其權能的表現。基督宗教經長期演進後區分成幾個較大的宗派：天主教（羅馬公教）、東正教（希臘正教）、基督教（新教）等。而信仰基督宗教的人一般稱為基督徒。

　　聖經是基督宗教的經典，聖經可分為舊約與新約兩部分。新約全書包含了福音書、使徒書信，及其他公元一世紀時的著作。其中，福音書可能為耶穌的四位弟子馬太、路加、馬可、約翰所著，福音書紀錄耶穌基督早年傳道的行誼故事，「福音」一詞即保羅所稱「基督拯救全人類」的好消息，福音被視為神的話語，見證了神對人世的救贖。

　　耶穌基督生於紀元前四年的猶太人，其一生試圖以身教及言教在人間伸張公理正義、使國與國之間能和平共處，並企圖恢復猶太人對神的虔誠

東正教聖母子像，油彩，19世紀，71x57.5公分

崇拜。本館收藏的此件牧羊人耶穌油畫為十七世紀作品，畫中牧羊人將羊背負在肩膀上的形象，在基督宗教象徵「耶穌基督」；耶穌曾自比好牧羊人，照顧子民，最後甚至犧牲自己的性命。在當時的政治及宗教環境下，耶穌基督的作為都挑戰著羅馬帝國的權威，因而在西元30年，基督被羅馬當局釘死在十字架上。

　　十字架上的耶穌，是耶穌受難的象徵，基督宗教東西方教會均相信，基督降世是為了完成「犧牲受難以救贖人類」的使命。在耶穌被捕前，他與12門徒共進晚餐，基督宗教各派都有重演最後晚餐景象的禮儀，如領聖餐、聖餐禮、彌撒等。基督徒以飲酒及吃代表耶穌身體的麵餅，用來加強與耶穌基督的契合。

　　耶穌死後三天，信徒見證了耶穌的復活而昇天，十二使徒之首的聖伯多祿，又稱彼得，擔負起領導耶路撒冷教會的重責，成為羅馬天主教會的第一位教宗。

　　西元四世紀，基督宗教正式成為羅馬帝國的國教，然而政教之間卻呈現複

愛是恆久忍耐又有恩慈....愛是不輕易發怒，不計算人的惡...凡事包容、凡事相信、凡事盼望，凡事忍耐。——《哥林多前書十三》

牧羊人耶穌 Christ the Shepherd，油畫，17 世紀，90.5-111-5.5 cm

體貼肉體就是死：體貼聖靈了乃是生命平安。──《約翰福音》

聖尼古拉, 木, 18世紀, 26.4-61.5-19 公分
聖尼古拉為四世紀時小亞細亞人，傳說是米拉主教，亦
是俄羅斯、水手及兒童的主保聖人，後來轉變為聖誕老
人。

雜糾隔的關係，導致教會經常受到俗世
的干擾，有些基督徒希望仿效早年基督
教沙漠隱士的做法，於是走出人群遁世
修行，後來漸成團體，這就是修道院的
由來。修道院中的修行人注重個人修
為，安貧、守貞、服從是他們遵行的誓
願，而每日規律的祈禱與崇拜，讓他們
更能體驗基督的存在。

基督徒也相信，促進世間的和平與
正義是體會基督精神的途徑之一，也
是基督徒的使命。早期教會特別照顧
孤兒及寡婦，十四世紀的義大利隱士

耶穌聖體櫃, 銅, 19世紀, 71.7-54.5-18.1 cm
此聖體櫃以東正教教堂的形式呈現。正面大門為取放
聖體碟與聖餐杯的入口，其他三面為描寫耶穌故事的銅
鑄浮雕。

宗教改革

中世紀的天主教教會多以拉丁文念祈禱文和教會例行禱告，因為聖經都是由拉丁文所撰寫的。而當時只有教士及僧侶才看得懂聖經，教會卻因為權利的擴大而愈行腐敗，甚至出售所謂的「贖罪卷」，聲稱只要購買此卷，即能於死後直升天堂。

文藝復興時期的宗教改革者馬丁路德，認為人們不需要教會或者教士居中代禱才能獲得上帝的赦免，人們透過虔誠信仰得救，這是無法用金錢交換的。他並將聖經翻譯為德文，對普及基督教信仰有極大的貢獻。

德蕾莎修女

德蕾莎在一次途中，看到很多貧困的人，問天主讓她看到這些困境對她有何啟示。經過了一番思辨後，她決定離開中學校長的職位，出來為窮人當中的窮人服務。她讓一個人活得尊嚴、活得乾淨，如她曾經從垃圾堆中救回一個人，幫他清理乾淨後，他就去世了，閉目前他感謝德瑞莎修女讓他尊嚴地離開人世。她所屬的教會，每一個人吃的穿的東西都極簡單。在她得到諾貝爾和平獎之前，她已經默默地做了 18 年，總是穿著一般婦女的粗布衣裳，吃一般的食物，進而學生們跟著她組織修會，在世界發展得很快。她在得獎時向大會要求將餐會的經費捐給他們修會以幫助窮困無助之人。中東戰事時，她協調戰爭兩邊停火，給她些許時間進戰區搬送病人，在她的聲名下，兩邊果真同意短暫停火，可知她的愛是如何偉大且廣為人知。她去世時，印度用國喪來進行儀式，參加者也不分宗教，因為她亦不分宗教地救人。

親身經歷的助人經驗，如是偶一為之則體驗不深，如是每日為之而不為苦，則是真喜樂。她總是不斷地給，這也是耶穌當時所做的。

聖方濟，甚至視動物為手足，服侍窮人、親吻痲瘋病人，並熱切地追隨耶穌之行誼，過著禁慾克己的苦修生活而廣被傳頌。浸信會牧師馬丁路得金恩博士，在 60 年代促使美國黑人得享平等的公民權，這都說明了基督徒為社會公益所做的種種努力。

聖伯多祿 Head of Saint Peter, 油畫, 17世紀, 50-63.8-1.5 公分

聖伯多祿，又稱彼得，為耶穌的十二使徒之首，在耶穌遇難後，擔起耶路撒冷教會的重責，成為羅馬天主教會的第一位教宗。

Goodness

古蘭經 Qur'an, 紙, 1730 年, 32-21-5 公分

伊斯蘭教

歷史、書法、建築、禮拜、法律。

伊斯蘭教起源於七世紀的阿拉伯半島，伊斯蘭(ISLAM)於阿拉伯文中意指歸順、服從、安寧、和平之意。其創教者為先知穆罕默德，他常至希拉山洞中思尋神的真意，後來得到真主使者加布里的啟示，指示他宣讀真主的教諭，這些天啟即收錄在《古蘭經》。伊斯蘭教為一神信仰宗教，相信「安拉」(ALLAH)是唯一的真主，在生活中見證「宇宙無主，唯有安拉；穆罕默德是安拉的使者」之教義。伊斯蘭教在中亞以不到一世紀的時間，快速向外發展，現今世界有近四分之一的人口信仰伊斯蘭教。

《古蘭經》為伊斯蘭教的思想基礎，共分為 114 章(SURAS)，前幾章講述真主的角色、穆罕默德的地位及末世審判等；後面的章節講述麥地那的社會情形，分為家庭、婚姻、種族等章節。

「古蘭」的意思為宣讀，教徒認為《古蘭經》正確無誤地記錄了真主的話。而將真主的話以美的型式（書法）來呈現，是感恩與崇拜真主的行為之一；又伊斯蘭教反對偶像崇拜，所以非具像的書法藝術就扮演了極重要的角色，在許多的建築上或古蘭經中，華麗的書法藝術與花草圖案、幾何圖案等，成為重要的裝飾元素。館藏的這些日常用品，都以古蘭經經文做裝飾。

伊斯蘭教規範其穆斯林在其宗教的生活上要達到五件事情，我們稱之為伊斯蘭五功：這五功分別為唸功、禮功、齋功、課功、朝功。

唸功：指穆斯林誦念真言：「宇宙無主，唯有安拉；穆罕默德是安拉的使者。」用以加強自身的信念，誦念時要注意三項要點：誦其詞、知其

伊斯蘭銅盤

義、信其理，深刻了解安拉之唯一性及穆罕默德之神聖性。

拜功：教徒每日都要朝聖地麥加的方向禮拜5次。分別為晨禮、晌禮、晡禮、昏禮、宵禮。禮拜之前，教徒必先洗淨身軀，分大淨（全身）、小淨（局部）；然後朝著聖地麥加的方向，重複鞠躬、下跪及叩首的儀式，並於禮拜中呼喊真主之名，頌讀古蘭經。

齋功：成年的穆斯林在伊斯蘭曆的九月，白天禁制飲食及房事一個月，破曉前及日落後才開齋。但封齋困難者，如虛弱病痛者、旅行在外者、孕婦與哺乳者則可暫免。齋月結束後的次日為開齋節，穆斯林會舉宴訪友以示慶祝。

課功：指伊斯蘭教對有足夠財力的穆斯林的規定。據伊斯蘭教說法，財富乃安拉所賜，富裕者有義務從自身財富中，取出一部份定額來救濟貧困的族人，款項多寡則依時代及地區而略有差異。

朝功：凡身體健康，有足夠財力之穆斯林，在其一生中應前往麥加朝聖一次。朝拜麥加依其時間可分為兩種，在伊斯蘭曆的12月8日到10日3前去瞻仰麥加天房，稱之為「正朝」。在其他的時間內前往朝覲，稱之為「副朝」。

油燈, 搪瓷玻璃 Enamel Glass, 二十世紀, 32.7-36.5-32.7 公分

古蘭經第24章35節：「安拉是天地之光，他那光的情狀，如同是有燈的壁龕；燈在玻璃中，那玻璃如同是光耀的星辰…」照亮清真寺的油燈，除搪瓷彩繪玻璃的工藝成就外，透明的玻璃加上古蘭經文與阿拉伯式圖案而另具有宗教上的意義。燈身以彩色蓮花圖案與漩渦環繞的花草植物裝飾，上有六個供懸吊的吊耳，可將油燈高懸於清真寺中。

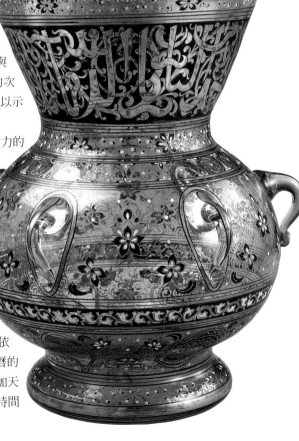

蓋被的人啊！你應當起來，你應當警告，你應當頌揚你的主宰！你應當洗滌你的衣服，你應當遠離污穢！你不要施恩而求厚報，你應當為你的主而堅忍！——《古蘭經七十四》

印度 Ajmer Mosque 為印度境內最大的清真寺

穆罕默德歸真之後，其教徒依據古蘭經與遜奈，由宗教學者所編寫出與教徒個人與族群活動有密切關係的法律內容，稱為教法 Shari'a。之後發展成四種學派的儀軌，分別為馬立克(Malik)、哈乃斐(Hanafi)、沙斐儀(Shafi'i)、罕百里(Hanbali)。這些儀軌提供教徒正確的生活之道。教法的監督者稱為哈里發（khalifa）意為教皇，不過此制度已於西元 1924 年廢止，現今伊斯蘭城邦皆為獨立之國家。

天房

天房一詞係阿伯文的意譯，專指位於沙烏地阿拉伯麥加城禁寺內的方型石殿，是世界穆斯林禮拜的朝向。穆斯林也把天房稱[真主之室]，因此，中國穆斯林把她譯稱為天房。天房純為雪花石建築，東側距地兩米處有兩扇用純金鑄造的大門，屋頂由三根大木柱支撐，殿內大理石鋪地，除一些掛燈和題詞外，別無任何物擺放，外部用黑色錦緞帷幔覆蓋。伊斯蘭教認為,天房係人類始祖阿丹(亞當)之子始建。先知易卜拉欣及其子易斯馬儀重修。原為古代阿拉伯多神教徒崇拜偶像的殿堂，六二三年十二月，穆罕默德率軍攻克麥加，清除了殿內所有偶像，從此天房成為穆斯林心目中最聖潔的地方。

清真寺

清真寺字源是阿拉伯文 masjid，意即「伏拜之地」，為回教徒集會禮拜的地點。外觀上以圓頂高柱為特色，象徵著獨一真主。內部通常不會有太多的裝飾及桌椅，因為回教徒以禮拜為主，需要一個清靜的空間，因此內部的牆面不會有太多裝飾，也不需要桌椅或長凳，以便回教徒可以成列面對神龕。清真寺是穆斯林日常禮拜、聚會與宣揚講解教義之中心，除了麥加天房、麥地那聖寺與耶路撒冷聖寺外，世界各地清真寺的功能與地位都是相同的。

土耳其伊斯坦堡藍色清真寺

印度教

歷史、背頌詩文、冥想、表演、朝聖

「印度」這個字源自於Sindhu，是指
印度西北方的一條河流。印度教傳統
經歷了悠長複雜的歷史，發展出為數
極多的文字、及多樣的哲學與宗教儀
式。今日印度教在世界上約有超過十
億的信徒，絕大多數居住於印度當
地。

印度教並無創教者，其宗教精神的
源頭可回溯到《吠陀經》這部經典。此
為亞利安人所吟唱的詩歌，在距今
3500年前時隨亞利安人而傳入了印
度，所以從吠陀時代以來，吟誦
詩歌就是印度教傳統中的重要
部分，主要的意義在取悅神，
並藉此向神明祈求幸福。印
度教信徒認為聖語特別能
在宇宙天地間發揮功

效，並帶來好運。到了西元八世紀
時，印度教儀式開始藉由舞蹈、音
樂、及戲劇等種種表演藝術向神及史
詩中的英雄致敬，並可由肢體的表演
傳達宗教意念，教育部分可能為文盲
的信眾。所以表演藝術在印度教宗教
活動中不但有其宗教神聖性、更兼具
教育性及娛樂性。

對印度教教徒而言，朝聖是相當重
要的宗教活動之一。朝聖的旅程可長
可短，宗教聖地、遺址、或近在身旁
的寺廟神龕都可以是朝聖的目的地。
印度教的宗教聖地常與大自然緊密結
合，多位於山巔、河畔、或海濱；聖
地也常與印度敘事史詩有關，配合傳
統詩歌吟唱等宗教儀式，這些聖地終
年聖音縈繞不斷。

印度教屬於多神信仰，其中有多位
主神非常值得一提：

溼婆廟

真理只有一個，哲人用不同的語言形容它。── 《吠陀經》

象頭神

象頭神為何有個象頭？據說在象頭神小時候，他也和普通的小孩長得人模人樣。有一天，他的母親雪山女神出門前交代他，任何人來敲門都不可開門讓他進來。小象頭神謹記母親的話，當久未見面的父親濕婆難得回家時，他卻緊閉門戶不讓父親進來。脾氣暴躁的濕婆一氣之下，不小心就把兒子的頭砍了下來。

雪山女神回家後，看到這個場景十分難過。而濕婆也深感愧疚，他便命令諸神速速外出，去將第一個見到的動物帶回，以救其子。結果第一個見到的動物就是象。於是濕婆就把象頭摘下，安放到兒子的脖子上使其復活。並為了補償，濕婆命令諸神都要全力幫助象頭神完成任何事情。於是，象頭神就成為掃除障礙之神，受到非常多信眾的膜拜。

梵天：創造之神

梵天(Brahmà)是印度教中的宇宙創造之神。濕婆趁著宇宙保護之神毘濕奴沉睡之時，動手將宇宙破壞殆盡。此時，毘濕奴的肚臍上就會長出一朵蓮花，梵天即從蓮花中出現，再將宇宙重新創造出來。

關於宇宙的生成還有一種說法，這也與梵天有關。話說造物大神造出了渾沌海，然後放入一顆可滋生萬物的金種子，種子長大化成一顆蛋，再經過了1000年，蛋成熟後化成兩半，一半為梵天，另一半為女河神，梵天出生後，再用這兩邊蛋創造出天上七層及地上七層的世界。

象頭神，近代，銅，38.6-47.7-30公分　　　　梵天，石，14-15世紀，40x74x16.5公分

吹笛的黑天 Krishna Fluting, 青銅 bronze,
15-29.5-11.8 cm
此尊神像為十六世紀的作品，姿態生動。

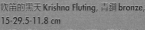

毘濕奴雕像, 木, 九世紀

濕婆：破壞之神

　　濕婆 (SHIVA) 的形象相當特殊，他一頭長髮，額頭上有第三隻眼，手中拿著三叉戟。濕婆神在印度教中擁有廣大信徒，濕婆的個性強烈、時而暴躁，印度教將其視為宇宙破壞之神。傳統印度教信仰中，宇宙的概念是循環不已的，當宇宙由梵天造出後，在世間運行一陣子，其中凡有毀損之處，就由宇宙保護之神毘濕奴加以修復，可是當宇宙已經變得破敗不堪時，濕婆便可發揮其破壞本性，將宇宙毀滅，然後創造之神梵天再將宇宙重新創造生成。這種循環輪迴的觀念，也影響了後來的佛教思想。

　　印度教的神與凡人類似，也有家庭的組織。濕婆之妻為雪山女神，或稱為難近母，原為凡人，因與濕婆成為夫妻後，開始具有神性，他們兩人生了兩個小孩，一個成為後來佛教中的韋陀天，另外一個就是象頭神。

毘濕奴：保護之神

印度人崇拜自然現象，其主要的神祇皆爲人神合一的形象，以求雨水豐沛、人畜興旺、健康長壽，最後得以進入由耶摩（Yama）統治的天國。（Yama是第一個死的人，他到了天堂統治死去的人，成爲死神及天堂的主人，也就是佛教的閻羅王。）毘濕奴（VISHNU）從冥界升起，跨越了地球、大氣層，登上天堂的最高點，以太陽神的身分出現，是現世世界的維護者

及宇宙萬物的保護者。通常，毘濕奴被描述爲是一個皮膚深藍色、具有四臂的年輕男子。祂的四隻手分別拿著：海螺，來自最初的海洋，是生命起源的象徵；法輪，代表季節及時間的循環；權杖，代表知識的力量；蓮花，代表宇宙是從「創造宇宙的海洋」昇起。這四個信物象徵祂保護宇宙的意象。

毘濕奴爲了保護宇宙，常化身爲不同的形象出現於世界，最著名的化身就屬黑天神奎師那，黑天神主要的職

責就是要保護宇宙間的「法」dharma，用以維護宇宙的道德與秩序。館藏的吹笛的黑天，後面的一對手臂，左持貝殼，右持輪盤，表現出毘濕奴的特色，手中的笛子說明了他在史詩中的角色，一位漫遊於森林的吹笛手，吸引擠牛奶的少女與他共舞。

毘濕奴的宇宙形象
水彩（紙）
18世紀晚期
56-68.3-1.6公分

宗教經典——《摩訶婆羅多》

《摩訶婆羅多》是世界上篇幅最長的史詩（Epic），由十萬頌（一頌相當於四行詩）構成，大約是聖經的十五倍長。就字面的意義，「摩訶」表示「大」、「偉大」；「婆羅多」指「婆羅多族」、「印度人」等概念；因此「摩訶婆羅多」可以是指「印度偉大的歷史」。史詩成形在西元前第五或第六世紀，經過長期的累積擴大而成，章節分為十八篇，內容龐雜，包括文學、宗教、神話、風俗、哲學、政治、倫理等成分，以口頭吟誦的方式創作與流傳。

故事敘述西元前十世紀印度列國紛爭的時代，婆羅多族兩支後裔「俱盧族」（Kauravas）與「般度族」（Pandavas）爭奪王位的戰爭；俱盧族有一百個兄弟，以長子難敵（Duryodhana）為首，般度族有五兄弟，以長子堅戰（Yudhishthira）為首。十八天大戰的過程中，般度族都是在關鍵時機採取詭計，獲致勝利，卻有失正義光彩；難敵都是遵守武士戰鬥規則而戰死，天神因此散下鮮花為他喝采。

聖雄甘地

甘地生於印度，原為醫生。為了爭取印度的獨立自由，他退還了英國所授予他的所有勳章，並長時間絕食以「不合作」的和平方式，領導印度對抗英國的殖民統治。雖然政府要判他刑、有人威脅要殺他、人民不相信和平能夠戰勝暴力，甘地卻依然堅持「用殘暴來對付邪惡，那麼殘暴所帶來的依然只有邪惡。如果印度想通過殘暴取得自由，那我對於印度的自由將不感興趣。」

甘地被關了幾年後，人民漸漸懂得了甘地的想法，英國人也被他這種柔弱中的不屈所震驚，最後印度獲得獨立，然而甘地最後還是死在極端份子的槍下，預刺前的最後遺言：「喔，羅摩！」

註：羅摩為古印度大敘事詩《羅摩衍那》之主角，相傳為毘濕奴神因受諸神之託，故化身羅摩降生地界以降服惡鬼。羅摩是喬薩羅國王子，為遵守父王之諾言而放逐森林，與愛妻西達共同展開十四年炫麗武勇的冒險生涯。後來妻子被象徵破壞婚姻及世界秩序的魔王劫走，羅摩前往營救因而引發戰爭，最後羅摩打敗魔王，夫妻團聚、羅摩返國為王，因而被印度人視為民族英雄、並以其為毘濕奴化身而廣受印度人民狂熱的尊敬。

佛教

佛陀的一生、朝聖、菩薩、道場與信眾、儀式、不同派系。

佛教產生於印度思想百家爭鳴的時代，佛陀釋迦牟尼終其一生不斷的思索生命的意義，他放棄安逸的皇室生活，企圖以苦修的方法尋求證道。當他深刻感受過這兩種極端的人生後，發覺唯有行「中道」才能了悟人生的真義。

佛陀一生的行誼可用「八相成道」來解釋，依序為：1.降兜率天：指菩薩在兜率天，顯現五瑞，準備降生閻浮提。2.托胎：菩薩乘六牙白象往沉睡中的摩耶夫人托胎。3.降生：指摩耶夫人臨分娩之前，依習俗返娘家待產，途經藍毘尼園休息，在無憂樹下產下悉達多太子。4.出家：太子四出城門，見老人，病人，死屍及沙門，深感人生之痛苦與無常，於是決定出家修行。5.降魔：釋迦牟尼在菩提樹下將成道之際，魔王波旬與眾魔前來搗亂，菩薩展現神力一一化解。6.成

佛陀誕生浮雕, 三世紀, 綠色頁岩, 50-56.5-12 公分
「佛陀誕生浮雕」描述佛傳故事的情節之一。釋迦牟尼的母后摩耶夫人懷孕了，依習俗回娘家待產，途中於藍毘尼園小憩，當她手攀著無憂樹枝時，佛陀便從摩耶夫人的右脅出生，一位侍者在夫人的右邊接住嬰兒，夫人的左邊和侍者的右邊各有一名侍女。

諸惡莫作、眾善奉行、自淨其意、是諸佛教。

時輪金剛壇城, 鎏金銅, 25-33.5-25公分

佛三尊造像碑, 石, 西魏紀年（大統八年）, 36.2-15.1-73.5公分

道：世尊降服魔王後，即在入定中悉知過去種種，豁然大悟得證無上道。7.說法：佛陀已成道，在鹿野苑為五比丘轉「苦、集、滅、道」四諦法輪。8.涅槃：指世尊在居尸那揭羅城的沙羅雙樹林間，以頭向北，面向西的臥姿入滅。

釋尊入滅後，與其有關的地點都成為聖地，深受各地佛教徒尊崇，後來也發展出到聖地朝聖的習俗。這些聖地之中，最重要的有四個：釋尊誕生地－迦毘羅衛的藍毘尼園、成道之地－菩提伽耶、初轉法輪之地－鹿野苑、涅槃之地－拘尸那揭羅。

僧為佛法三寶之一，指從佛陀學道，受具足戒的佛弟子。當年，弟子跟隨佛陀至各地說法，並開始設立道場組織，道場為傳統的佛法研習中心，或出家人居住的固定處所。

佛教的禮拜儀式源自於早期教徒對釋尊的崇敬，漸漸擴及對佛、菩薩、諸尊者及宗師的崇拜。早期並無佛陀之具體形象，而以菩提葉、法輪、或佛足來代表佛陀，加以崇拜。西元四世紀時，亞歷山大大帝入侵印度，連帶的把希臘文化帶入此地，人們才開始雕刻佛像，這時期的佛像多具有西方人輪廓，技法上相似希臘雕像，如館藏的這件犍陀羅時期的菩薩頭像，犍陀羅藝術因最早將佛菩薩以希臘人像方式表現而聞名。

佛教在漢朝時傳入中國，時至魏晉

南北朝，因時局動盪，宗教於是發揮其安定人心的功用，道教與佛教此時都有十足的發展。館藏的一件佛三尊造像碑為西魏時所造，佛著褒衣寬帶、結跏趺坐，雙手施與願印與無畏印，頭光中有十一尊小佛，兩尊菩薩分立於獅子座上。背面刻有完整的銘文與供養人像，敘述「佛弟子趙景與其家人為皇帝及蒼生同得安樂造此碑」。

後來佛教徒常以結壇城來禮拜佛陀，時輪金剛壇城即是密教無上瑜珈部曼陀羅的總集。四面、十二臂、頭頂金剛杵、下穿虎皮衣的時輪金剛與佛母交抱立於蓮花座上，足踩代表貪、瞋的大自在天與天母。蓮花形的壇城可以開合，八片花瓣的內側各有一名持法器的明妃拱衛時輪金剛，花瓣的外側飾以八吉祥圖案。修持時輪金剛法可令戰爭及一切災劫平息。

宗教小百科

達賴喇嘛所使用之鈴與杵

達賴喇嘛為了表達支持宗博館的創館理念，特別送來他曾使用過的法器「鈴與杵」。鈴與杵在藏傳佛教中代表智慧與慈悲，是喇嘛修行、誦經或法會時使用的法器。達賴喇嘛致贈的鈴上面刻有五方佛，五方佛母，五種子字，長壽瓶等圖飾；而杵上則刻有十位本尊和代表八菩薩，八空行母的十六瓣蓮花，完美呈現出一座壇城的架構。

館藏蓮花手菩薩

　　菩薩是「菩提薩埵」之略稱，意指已開
悟，但為了要幫助眾人也能達到涅槃境界，
而自願延遲進入涅槃者，亦指具有佛性慧根
之人。因此菩薩道可定義為慈悲心與智慧的
密切結合。

　　館藏的這尊立姿蓮花手菩薩，為十四世紀
作品。蓮花手菩薩為觀世音菩薩的一個化
身，身軀呈優雅的「三折姿」風格，左手持
蓮花、右手施與願印，慈祥的凝視著的眾
生。

佛陀頭像, 白灰泥, 四-五世紀, 23.5-40.5-19.5公分

佛足石, 約1-2世紀, 45.7-45.5-8 公分

蓮花手菩薩
鎏金銅
十四世紀
16-39-7公分

觀自在菩薩行深般若波羅蜜多時照見五
蘊皆空度一切苦厄舍利子色不異空空不
異色色即是空空即是色受想行識亦復如
是舍利子是諸法空相不生不滅不垢不淨
不增不減是故空中無色無受想行識無眼
耳鼻舌身意無色聲香味觸法無眼界乃至
無意識界無無明亦無無明盡乃至無老死
亦無老死盡無苦集滅道無智亦無得以無
所得故菩提薩埵依般若波羅蜜多故心無
罣礙無罣礙故無有恐怖遠離顛倒夢想究
竟涅槃三世諸佛依般若波羅蜜多故得阿
耨多羅三藐三菩提故知般若波羅蜜多是
大神咒是大明咒是無上咒是無等等咒能
除一切苦真實不虛故說般若波羅蜜多呪

般若波羅蜜多心經

宋代歐陽詢楷書心經字帖

宗教經典── 《心經》

大多數的宗教多以一部聖典為主，但佛教卻有包括經文、戒律、論述等數千卷典籍，有時不免教人不知如何讀起。原因在於釋迦牟尼因人施教，所以才會出現這麼多種的說法。佛教徒認為語言文字只是幫助人們離苦得樂的工具，如同「以手指月」，重點是看到月亮，而不是手指。佛陀在金剛經裡面甚至說他「無法可說」。

心經幾乎是流傳最廣的佛教經典之一。全文僅有263個字，卻濃縮了600卷般若經典的中心思想，目前流通的版本為唐朝玄奘法師所翻譯。玄奘即是西遊記中的唐三藏，於西元622年前往印度取經，以十七年的時間完成大小乘佛法之學習，並將攜回的經典加以翻譯，影響極大。

細心的讀者，你可以在本書每個單元中發現心經的痕跡，心經這本濃縮的智慧經典其實已包含了我們所企求討論的主題。找找看、比較一下各個宗教對宇宙、對心性的解釋，必定對你所認識的世界帶來不同的體會。

道教

太極、老子、道觀、煉金術、五行。

　　道教以老子、莊子以及其他道教著作為思想基礎，並融合陰陽家、神仙家及周易的內涵，於東漢末年(西元2世紀)形成了道教宗派。道教透過齋教儀式、煉製丹藥及性命修煉來實踐其宗教精神。「道」意指宇宙運行，大自然萬物變化的法則，其存在是自然而平淡的，一切事物皆從自然之道而來，往後也將歸之於道，此即為道教的宇宙觀。由陰與陽所構成的太極，象徵著地與天，是道的兩極，其圖形表現了循環更替，陰陽交融而成圓滿之境。

　　一般大眾認為老子(李耳)是道教的創始者，據說他是周朝首都守藏室之史，他從生活中悟道後，騎青牛遊至極西之地，在即將出關之際，對當時邊境守吏口述其理念，後經整理為五千字的《道德經》。兩百多年後，老子的地位從一位思想家，轉化為至高無上的天上神祇-太上老君，或稱為道德天尊、黃老君。時至今日，老子神像多供奉於道教三清殿中，三清為玉清——元始天尊、上清——靈寶天尊、及太清——道德天尊，其中以玉清居三清之首。

　　「觀」或「宮」是對道教廟宇最適切的稱呼，其建築中有其「隱喻性」與「宇宙觀」。在隱喻方面，道觀影射官員宅第，所以建築上也模擬處理行政事務的真實空間格局。而宇宙觀則表現在方位佈置上，道觀的正門朝南，兩側有象徵東西方位的青龍與白虎，南北方則以朱雀及玄武為守護。再從建築面來看，中國傳統天圓地

常陽天尊, 礦石, 約8世紀
現存唐代開元年間石雕造像，傳世不多。據銘文可題為「唐天寶十一年毛楚客造天尊像」，屬於為亡女祈冥福的功德像。

道教聖地江西龍虎山的玉皇殿前景。

道，可道，非常道。名，可名，非常名。無名天地之始，有名萬物之母。
故常無欲以觀其妙，常有欲以觀其徼。——《道德經．觀妙章》

方的宇宙觀，道觀基座（地）爲方形，而對應的藻井（天）則爲圓形，屋頂通常象徵通往極樂永生之境的聖山。

道教注重煉丹養生，丹分「外丹」與「內丹」。外丹，指將化學物質煉製轉化成長生不老之丹藥，常用黃金與硃砂兩種物質；內丹則存在於人體之內，藉由對本身精、氣、神三種生命能量的修煉，使自身精神力提昇至「仙胎」之境。

玄天上帝，木

北極玄天上帝本爲北方七宿中的玄武，以龜蛇爲象。道教以之鎮於北方，歷朝敕封眞君，明初永樂帝崇奉特盛。民間俗稱帝爺公、上帝公、眞武大帝、北極佑聖君等。其像自明以來多做披髮仗劍腳踏龜蛇，或戴冠端坐，座下亦雕有龜蛇，爲帝級守護神，神誕日爲每年農曆的三月初三。

八仙

五行

　　五行指「金木水火土」,彼此之間相互關聯,並可對應到方位及人體各臟器。道教中還有一重要元素就是八卦,八卦由八個卦象組成,分別為天(乾)地(坤)水(坎)火(離)雷(震)風(巽)山(艮)澤(兌),這些卦象都是由三條一組的線段來表示:整線為陽、斷線為陰。配合易經的基本原理,八卦經常被運用於各種道教儀式之中。

西王母

　　對西王母的奉祀,西漢即已盛行。據《漢武帝內傳》所述,西王母容貌絕美,儀態端莊敬穆,瑤池金殿上聚集著數千名神仙,儼然以她為領袖。

　　在民間,西王母是非常重要的神仙,不僅美貌、更掌握著長生不死之藥和仙桃。等她被道教尊為眾女仙的領袖後,祀奉她的廟宇更是遍及全國。

猶太教

戒律、儀式、律法、猶太會堂、歷史、流亡

猶太教源起於西元前19世紀，亞伯拉罕與上帝訂定盟約開始，亞伯拉罕約定他的子孫必須遵守上帝的誡命。在歷經移居埃及、出埃及等事件後，猶太人來到迦南地。此時猶太人的領導者——摩西，獲得上帝的啟發，在西奈山得到「托拉」（Torah，律法書），之後托拉就成為猶太教徒千年來的生活準則。托拉在希伯來文中的意思有指出方向、教導之意，神的指導都可見於托拉之中，館藏的托拉卷軸，以「生命樹」為軸棍，內含摩西五經，經文由右而左抄寫在羊皮紙上。

托拉在會堂禮拜時會被高舉誦讀，並收藏在罩布或律法匣中，放置於會堂的約櫃之中。研究托拉是一種直接與神接觸的宗教經驗，教徒也可藉此了解到猶太教的真義，再由生活中的實踐來表現教義精神。猶太教徒認為托拉是神的完美語言表現，它包含有文字托拉與口傳托拉兩部分。

收藏及誦讀托拉時所用器物，在製作上都相當的精美，館藏之收藏托拉之銀製護罩，乃掛在律法書罩布外的

猶太聖典, 羊皮紙, 19 世紀, 58.7-2423.5-11.1公分

指經棒

胸牌，飾以律法之冠及十誡。護罩起源於十六世紀的德國，為西系猶太會堂對聖典表示虔敬的習俗。通常在大型的會堂會有好幾本律法書，為避免混淆，故以可替換的牌子來標示律法書被捲讀至何處，並藉此顯示節日應誦讀之經卷。

另外，因經卷非常地神聖，不能以人手碰觸內文，但為了使讀經者集中注意力以正確唸出經文，並避免損害或弄髒神聖的律法書，所以在儀式進行的場合誦讀律法書時，須以「指經棒」取代，指經棒(Yad)常做成手的形狀，在希伯來文中原意即為手。

猶太教在許多生活事項都有所規定。食的方面，主要規定如不吃豬肉，至於海鮮只吃有鰭和鱗的魚類，

猶太新年早晨吹羊角號的人

上焉者不恥下問，年長者傾聽青春之聲，這般的世界值得祝福。──《猶太法典》

肉類和乳製品不可共食等。

一個猶太教徒從出生行男孩割禮、成長到結婚、乃至於往生，一切的行為規範都要合於猶太教的規範。猶太教徒有特殊的安息日規定，安息日是充實精神生活、與家人愉快相處的日子，在這一天教徒不能從事任何工作，是上帝給予猶太人的特殊恩典。

猶太族群在西元70年耶路撒冷神殿遭羅馬人摧毀後，展開他們的流亡生活，因其特殊的生活習性，通常會自成一個社區，並設有一座會堂(SYNAGOGUE)，會堂對猶太教徒而言是很重要的地方，會堂中會擺設如聖經的托拉的約櫃方舟、燭台、托拉卷軸等物，還有象徵神殿祭壇的誦經台。

猶太人在歷經二次大戰希特勒對於猶太人的大屠殺之後，決心建立自己的國家，即為今日巴勒斯坦地區的以色列，但因為過去歷史上的新仇舊恨，導致以色列與鄰近阿拉伯諸國彼此敵視，戰火隨時可能爆發，此區域也成為世界上極不穩定的地區之一。

羊角號

羊角號是由潔淨的動物──公羊角所製成。羊角號聲於新年和贖罪日時吹起，敦促族人自我反省，並懇求上帝仁慈的審判。羊角號聲還在週五下午響起以宣布安息日的開始。羊角號上雕刻的希伯來文為「知道羊角號聲的人們」。

修殿節

修殿節起源於西元前165年，猶太馬喀比家族擊敗敘利亞人，再度將聖殿獻給上帝，當時本來僅供一日用的聖油，卻奇蹟似地持續八天之久。修殿節分支燭台使用於修殿節，修殿節首夜由主燈座先點亮一支蠟燭，第二夜點亮第二支，直到第八夜點亮所有的蠟燭。

陀螺

此為猶太兒童於修殿節時的遊戲用陀螺，陀螺每一面都有一個希伯來文字母，四個字母代表四個字，其意思為「那兒有偉大的奇蹟發生」；而在以色列的陀螺則為「這兒有偉大的奇蹟發生」，皆暗喻第二座聖殿的再造。

以利亞聖杯

逾越節家宴上專為先知以利亞所準備的酒杯，基本上在家宴時是不得觸碰的。聖杯中央為「十誡」，其下的希伯來文意指「全能」。以利亞是西元前九世紀的先知，猶太人認為在所有令人愉悅的時刻，如割禮及逾越節家宴，以利亞都會出現。

猶太教的逾越節

天主希望摩西帶領群眾到一處名為「流奶流蜜」之地(迦南福地)，但法老王不准，故天主降了十個災禍，但耶穌為了保護自己的子民，教他們宰殺羔羊、將羊血塗在門楣上，可保長子不被殺害、災禍掠過你家，此即逾越、跳越之意。逾越即是上主將其從奴隸的地位解脫出來。

神道教

歷史、神、神社、祭典。

神道教是由日本傳統民間信仰所衍生而出的宗教，以崇拜天地萬物、祖先神靈及天皇為信仰基礎。

在西元5-8世紀的平安時代，神道教融合了中國傳來的思想，逐漸發展出一套完整的體系。但因為佛教在日本較為興盛，神道教一直未能如同佛教般盛行。直到明治維新之後，日本天皇為了鞏固王權，主張天皇具有神性的神道教即被尊為國教，極為盛行。二次大戰後，日本裕仁天皇否認自己神格地位，神道教逐漸轉化為日本民間信仰，不過，今日日本境內仍有80%左右的人口信仰神道教。

神道教的「神」

日本人稱一切神明、精怪、山川萬物等大自然的靈為KAMI，日本《古事記》中，對KAMI一詞有加以解釋：「凡稱KAMI者，從古典中所見諸神為始，鳥獸草木山海等等，凡不平凡者均稱為KAMI。不僅單稱優秀者、善良者、有功者。凡凶惡者、奇怪者、極可怕者亦都稱為KAMI。」後來從中國傳來文字，才將「神」這個字搭配上KAMI來使用。時至今天，日人仍習慣向KAMI祈求身體健康、事業順利、家庭幸福、考試合格等日常生活種種，舉凡小孩三、五、七歲時的慶典；結婚時的儀式；街坊村里的祭典活動，無一不與神道的KAMI有關。

神社與祭典

神社是神道教的宗教建築，舊時是在樹木茂盛處築一小屋，並在其週邊圍起「神籬」，請神降臨此聖域後再加以祭拜並祈禱。後來逐漸發展成由正殿、拜殿、祝詞殿、幣殿、神樂殿、鳥居、手水舍、社務所等各類建築來構成一神社。

在神社中舉行的宗教儀式稱為「祭」。神道教的主要祭典有：「新年祭」主祈風調雨順及個人安康；「神嘗祭」祈慶五穀豐收。祭典舉行可分為三個部份：「行禊祓」為潔淨自己身心之意，類同於齋戒；「奏神樂」為演奏宗教音樂祭神；「向神祈禱」則類似一般的宗教祈禱。

雨寶童子繪像，絹本著色，室町中期1409-1478 CE, 39.6-100.5公分
雨寶童子是天照大神來自天界的形象，也有說是天照大神16歲的形象。天照大神是日本皇室的祖先，其神社曾建於皇宮，但於西元一世紀時遷至伊勢神宮。本圖乃根據明熊山儀規所制作。

錫克教

十位上師(guru)，聖典 Adi-Granth、金廟、節慶 / 禮拜。

「錫克」SIKHA 一詞在印度文中是門徒、弟子的意思，因為錫克教徒自稱為其教祖那納克上師的門徒，故名為「錫克教」。其教義融合了部分印度教輪迴、業報等思想，以及伊斯蘭教一神論的思想基礎，強調神人合一，與基督宗教「神是神，人是人，人神不可能合一」的一神論不同。

錫克教祖師又可稱為上師，是指靈性修養的指導者。在錫克教中，上師不僅為信眾的教導者，更是整個教團的領袖。錫克教首位上師為那納克上師（1469-1539），他在沐浴時得到神秘的體驗之後便到處傳教，鼓勵信眾透過虔誠的信仰與禪定來接近神。在西元1539年那納克上師歸天，其上師之職一直到第十代哥賓德‧辛格上師，他將上師之神聖權威傳給ADI-GRANTH，(意為根本的聖典，中文或稱為《原初經典》，GRANTH為書籍之意)。之後，這本聖典便成為錫克教之聖物。一切有關聖典之用品，在製作上皆以精美講究為尚。安奉錫克教聖典的聖典架，往往裝飾華麗、金碧輝煌，並搭配枕頭、繡金布縵與教徽布縵等物，讓上師化身的聖典，像人類上師一般受到虔敬的供奉。

本館收藏之聖典架採取仿廟宇聖殿的樣式，屋頂的五個尖頂與四方角落的圓柱，象徵錫克教寺廟的屋頂與四

方支柱，屋頂四方與支柱上方8個位置，皆有框以金邊的旁遮普文字，意為「唯一真神」。枕頭墊於聖典兩旁，形制較小的繡金布縵層層覆蓋，最外層則以繡有錫克教教徽的大塊布縵覆蓋，教徽上方一排

錫克教十大上師, 玻璃, 20世紀, 29.5-29.5-3 公分

旁遮普文字，意為「高貴、象徵真理的上師」，四個角落並繡有「唯一真神」的字樣。兩旁供上鮮花，並備有拂塵，在閱讀或搬移聖典時，不時地用拂擋在聖典上擺動，產生微風，使「格蘭斯沙希伯上師」感到舒適，這是一種對神及聖典表示尊敬的方式。

此聖典由第五代上師阿爾將（ARJAN）於西元1640年編輯而成，以中世紀所使用的一種印度語「果魯木奇」字書寫，內容多為歌頌神明，勸人為善，闡明教義、並有歷代上師生平事蹟及讚歌，其中還包括了傳統印度教及伊斯蘭教的宗教言論等等。閱讀經典在形式上有很多做法，常見的有持續閱讀48小時，稱為AKAHAND PATH，或隨意翻閱詩篇找尋靈感啟發的 VAK。

1699年哥賓德‧辛格上師創立了卡沙爾教團，其誡律之一，即要求每位錫克教徒要佩戴五種物品，稱為五K，指生活中奉行的5種事物，其發音皆以k音開頭，所以稱之為5K。

1.留長髮(keshdhai)：表接受神的旨意。

2. 帶髮梳(kangha)：表示對儀容的注意與克制心性。

3. 著即膝短褲(kachk)：象徵道德力量。

4. 戴手鐲(kara)：表示對神與上師的忠誠與教徒的團結。

5. 配匕首(khande)：表示保衛真理之決心。

奉行「五K」是教徒表現對教團歸順的行為，也提醒教團成員要謹記上師言行。

錫克教最重要的宗教建築── 金廟(HARIMANDIR)。金廟位於印度西北部的旁遮普(PANJAB)省，該省居民一半以上為錫克教徒。金廟在1601年剛建好的時候並沒有像今天我們看到的這樣金光耀眼，它是在19世紀時由藍吉特辛格大王出資，在金廟建築的上半部貼上金箔。金廟的原文 HARIMANDIR 意指「神的屋宇」。建築的外觀裝飾有其宗教圖紋及讚美詩文，整個建築群十分瑰麗，令人望而生敬。

花瓶, 黃銅, 20世紀, 16.9-48.5-16.9公分

亞里斯多德說：「語言是思維範疇諸經驗的表現。」

原始宗教──馬雅

宇宙觀、曆法、儀式、科學、新/舊世界、死後的世界。

馬雅的歷史可以三個時期來分界：

前古典時期或形成期(900 B.C.)，此時馬雅人從狩獵生活過渡至農耕生活，並且已擁有自己的象形文字。

古典時期(西元250年-西元900年)，此時期為馬雅文明的黃金時期，建立了獨立的國家，發展出其宗教制度，並留下大量如金字塔般的建築遺跡。

後古典時期(西元900年-西元1521年)，自西元900年起，馬雅文明因受托耳鐵加國的軍事侵擾而南遷至猶加敦半島，但托耳鐵加國的影響仍在，兩個文化因此相互交融混合，最後這些文化因西班牙的入侵而迅速消失，只留下深藏於原始叢林中的遺跡。

馬雅人相信其祖先是來自於金牛座的昂宿星。他們認為宇宙是由玉米之神安置三塊灶石於獵戶星座中，再由宇宙之樹撐起蒼穹後產生。宇宙分為三層，分別為天庭、地上的中間世界、以及冥界三個部分。宇宙運行是以「太陽紀」為一大循環來運行。我們現今身處於第五個太陽紀，此太陽紀開始於西元前3114年的8月13日，而將在2012年的12月23日結束，到時候大地將會崩裂、生命將完全毀滅，這種預言我們稱之為「馬雅大周期」。

在馬雅高度發展的天文知識中，又以其準確的曆法計算最令人稱奇。他們早已計算出一地球年為365天6小時24分20秒，充分表現在其金字塔建築。驚人的數學成就，使人不禁懷疑起馬雅人是否與外星文明有關。

馬雅人的宗教儀式從現代人的觀點來看是十分殘酷的，他們常以活人獻祭，抽取人血來供祭神靈，這些宗教儀式據說跟維持宇宙的秩序有莫大的干係。馬雅人重視死後的世界，相信冥界的存在。人死後之靈魂都須經歷許多的關卡才能達到最終的歸處，死亡對馬雅人而言，並非生命的結束，而是生命過程中的一關而已，所以馬雅人會在亡者的葬儀上，準備祭品、牲禮等物，陪伴亡者繼續往人生的另一階段走去。

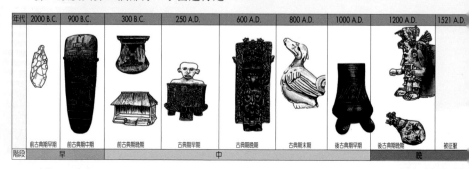

年代	2000 B.C.	900 B.C.	300 B.C.	250 A.D.	600 A.D.	800 A.D.	1000 A.D.	1200 A.D.	1521 A.D.
	前古典期早期	前古典期中期	前古典期晚期	古典期早期	古典期晚期	古典期末期	後古典期早期	後古典期晚期	被征服
階段	早			中				晚	

古老宗教——埃及

世界的創造、個人朝拜、精神世界、廟宇及宇宙觀

埃及古文明源起於西元前3100年左右。在法老王的統治下，跨越了近3000年的時空，歷經了30幾個朝代。西元前332年，亞歷山大大帝征服埃及後，其下屬將軍托勒密延續法老的法統建立王朝，但此時法老已非埃及人，而成了希臘人。埃及最後在羅馬人的強勢擴張下，正式結束了法老王的時代。

古埃及人認為世界是由一渾沌的漩渦狀態，藉由諸神的力量轉化成一個有秩序的世界。諸神當中以太陽神最為重要，祂創造了大地之神、大氣之

神及水神等自然之神，這些神的後代在各地繁衍生活，構成了古埃及的社會及國家。

依照歷史學家希羅多德所言，埃及是尼羅河的贈禮，尼羅河定期的氾濫為埃及帶來肥沃的土壤用來耕作，埃及人更受此一循環不已的觀念影響，發展出其生命輪迴的概念。埃及人相信人在死亡後會再重生，每個人都會經歷出生、生命歷程、死亡、重生等歷程。埃及人認為靈魂可依靠三種形式存在，分別為拔 (第二自我) 卡 (個性)、阿卡 (拔與木乃伊結合成為不朽的生命形式)。人在死後，卡與拔離開肉身，卡進入冥界，拔留在肉身附近。在冥界中，當這三者再度結合時，此人就復活而得到永生。因此，為達永生的目標，人死後的屍身保存便相形重要，木乃伊的製作因此而起。

埃及人認為所有自然界之物都具有神性，我們常常看到動物形象的古埃及神祇。幾個重要的動物神，如貓神巴斯泰特（豐收愉悅女神），貓看似溫馴，兇起來卻很可怕，所以當巴斯泰

愛因斯坦：「當你更瞭解生命，你將更敬畏上帝。」

後丟入尼羅河，歐里西斯的妻子艾西絲，因得阿紐比斯神之幫助，將其夫之屍縫合後使其復活，後來兩人生下一子，即鷹神賀魯斯（正義之神），賀魯斯在一場決鬥中戰勝塞特，雖然失去一眼，但報了其父之仇。正因如此，法老王被視為具有神格，歷代法老王也自認為是賀魯斯神的子嗣。

賀魯斯 Statue of Falcon, 青銅, 後期 664-332BCE
老鷹形象的賀魯斯是法老王的象徵，這隻老鷹像戴著象徵統一上下埃及的王冠。老鷹形象的小雕像置於賀魯斯神廟中作為獻祭之用。

特展現其溫柔的一面時，亦被視為保護孕婦的女神；另外還有胡狼神阿紐比斯、鱷魚神蘇貝克、鷹神賀魯斯(正義守護之神)等。

狐狼神阿紐比斯（木乃伊之神）

狐狼是在非洲野生動物中的清道夫，他們以吃動物的屍體維生。因此，當埃及人看到他們的墓園中常有狐狼出沒時，於是認為狐狼是屍首的守護者，而狐狼頭人身的形象即成為守護木乃伊之神。

許多重要的神明都是古代的法老王或貴族，如歐里西斯（冥府之神），主掌復活大權，歐里西斯為一法老王，後被他的弟弟塞特所殺，屍體遭分解

巴斯泰特 Statuette of Bastet, 青銅, 後期 664-332 BCE
巴斯泰特女神在後期極受歡迎。祂的形象是著緊身服裝的貓頭女神。虔誠的埃及人將小型巴斯泰特雕像供奉於神廟中。

台灣宗教區

平安、崇祖、敬天、感恩、福報。

　　台灣民間信仰是島內各民族文化交融的成果，其宗教儀式、組織都與世俗社會生活緊密結合。

　　*平安：*早期在台灣的生活環境很苛刻，在面對這些未知的危險，先民們發展出相當多趨吉避凶的儀式與方法。如設置石敢當、八卦鏡、劍獅等厭勝物（厭勝：以咒詛之術壓伏）以抵擋邪煞，保護一家大小平安。

　　*福報：*台灣民間信仰基本上融合了儒、道、佛各家的精神。其中，多行善端，廣植福田必有福報的因果觀念，深植於一般台灣民眾心中。民間流傳有《玉歷鈔傳警世》，此書內容描寫十八層地獄之種種，及惡人在地獄中受刑罰之狀況，此書被具像化的表現在十殿閻王圖掛軸，常被運用於法會祭祀之中，令人望之色變，其目的都是在警惕教化人心，勸人向善。

　　*敬天：*台灣民間常見的祀神有觀音菩薩、媽祖、關聖帝君、土地公等等。祭祀的重點在祈求闔家平安，生活康泰。在台灣常見的盛大祭典有地域性的公廟主神聖誕，中元普渡，或不定期的建醮等等，這些祭典除了展現地區風土人文的特色

魁星踢斗

魁星又稱魁星爺、大魁夫子或大魁星帝。源自古人的奎宿信仰，為西方七宿之第一宿，主掌文章科考之神。右手持筆，左手持書卷，右足踩鰲頭，左腳後揚踢魁斗，全體造形仿魁字構成，極具生動感及民間藝術趣味。讀書人常供奉於書房內，以祈求金榜題名，榮耀家門。

尼采「查拉圖司特拉如是說」：「留意著，人啊！深夜在說著什麼話呢？我睡了！在沈沈的睡夢我已經醒來了！」

外，更是地方上團結民心，聯絡族群情感的大活動。

　　生存與繁衍，是宇宙生物的通性，它貫穿整個人類歷史的發展過程。根據現今民間藝術與考古研究中得知，早在距今六千多年前的母系社會晚期，已經開始探索陰陽哲學的根源。《易傳‧繫辭》說：「易有太極，是生兩儀，兩儀生四象，四象生八卦。」即「混沌化分為陰陽，陰陽相合而生萬物，萬物生生不息」的觀念。

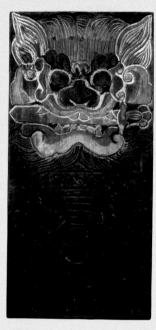

八卦劍獅牌

　　傳說八卦始於伏羲氏時代，早期隨著大陸人民移向台灣。台灣民間流行的護宅「八卦牌」種類繁多，圖式五花八門，一般用於護宅之用。其形式有兩種，一種在中央部份直接書寫「太極」兩字，另一種在中央畫上陰陽太極圖型、或畫上洛書的符號，以加強八卦的神力。

　　太極八卦中，天道八極的四對陰陽符號，其核心太極圖是相反方向的雙魚相交。有些學者認為，人類因為眼見魚的生殖能力旺盛，希望藉由崇拜來獲得相同的能力。魚文化經延續再轉化為：辟邪消災的護神、星精獸體的象徵、世界的載體、溝通天人生死的神使、表陰陽兩儀的轉合、通靈善化的神物等項。這些轉化，表現出對人類生存與生殖以外的物象、意象、自然、宇宙、神鬼、生死、福禍等領域的關注與利用。

台南學甲鎮濟宮是本省保生大帝的開基祖廟，每年農曆三月二十一保生大帝的聖誕，都會舉行「上白礁謁祖祭典」，遙拜大陸上的列祖列宗，至今已有三百多年歷史。此為長達百米的「百足真人」蜈蚣陣，共三十六節，每節坐著一位扮仙的孩童。

一年四季到宗博

曆法

由於狩獵農耕及生活上的需要，人們希望事先知道晝夜、月象及季節的規律變化，於是人們，以宇宙的週期運動為基準，觀察並加以推算訂出年、月、日的體系，這種分配時間的方法便稱為曆法。想要得到固定的日曆，必須有相當慎密的數學觀念，一般而言，曆法可以分為三類：陽曆、陰曆及陰陽曆。

陽曆——根據太陽運行的方式，年的平均數等於回歸年，現在一般所使用的日曆，又稱為格雷果里曆（Gregorian Calendar）。由羅馬教皇格雷果里十三世所訂立的，根據原來的儒略曆所修正，於 1582 年頒行。

陰曆——依照月亮的運行制定，為太陰曆，月的平均數等於朔望月，如伊斯蘭教曆；伊斯蘭教的曆法以黑蚩拉（Hijra）為紀元。黑蚩拉的意義是遷移，穆罕默德從麥加遷移到麥地那，選擇太陰曆的朔日相合的一天定為回曆紀元，回曆又稱穆罕默德曆。

陰陽曆——月的日數等於朔望月，年的日數等於回歸年，如中國採用的傳統曆法農曆，又名夏曆、舊曆、中曆，民間又稱為陰曆，乃承襲太陰曆而來。利用朔望的週期來定月，兼有陰曆月和陽曆年的性質，實質上是一種陰陽合曆。至於閏月，則是根據與農民生活息息相關的節氣安插，使得曆法和農業生活不致相差太遠。至於印度古代曆法，由於農業生產的需要，很早就創立自己的陰陽曆，在吠陀中有零星的記載。大致而言，月份的名稱是以月圓時所在的星宿來命名，年的長度則以觀察恆星的諧日出決定。

重要宗教節慶時間表 因各教曆法的計算方式不同，故僅列部分對照於西元 2002 年節慶。

1 January

1/1 中華民國開國紀念日
1/1 新年（神道教）
1 月 哥賓德.辛格祖師誕辰（錫克教）
1/14 摩迦羅莎克羅提節（印度教）

2 Feburary

2 月 -3 月侯利節，又稱灑紅節（印度教）
農曆 1/1 元始天尊聖誕（道教）
農曆 1/15 上元天官節（道教）
農曆 2/2 土地公聖誕（台灣民間信仰）
農曆 2/15 釋迦牟尼佛涅槃（佛教）
農曆 2/15 太上老君聖誕（道教）
農曆 2/19 觀世音菩薩聖誕（佛教）
2/22 忠孝節（伊斯蘭教）
農曆 2/21 普賢菩薩聖誕（佛教）
2/25 濕婆神節（印度教）
2/26 普珥節（猶太教）

春節

農曆一月一日俗稱過年。古時候的曆法定得不準，故天時與農事無法配合，後來有一個樵夫將精心觀察自然現象的結果呈給天子祖乙，並請天子為這個節令起個名字，祖乙說：「春為歲首，就叫春節吧。」

傳說遠古時代，有隻名字叫「年」的猛獸，經常危害百姓，某年大年三十它又從深山出來為亂，卻被皮鞭聲及大紅衣給嚇跑了，於是，民眾過年時用放鞭炮代替皮鞭，用春聯代替大紅衣，還有舞龍、舞獅來趕走「年」，人們也互道恭喜迎接春節到來，成為過年的習俗。

春節的習俗各地大致相同：

除夕：貼春聯、圍爐吃年夜飯、通宵守歲、放鞭炮、發紅包

初一：祭祖。初二：出嫁的女兒回娘家。初九：祭拜天公。

元宵

每年的農曆一月十五，慣以猜燈謎以及吃元宵慶祝。元宵這個名稱唐末之後才出現的，隋的時候稱為「元夕」或「元夜」。唐代初年，受到道教的影響，又名上元節。東漢明帝，為了提倡佛教，下令元宵節前後夜夜晚張燈，以示對佛教的尊敬與虔誠。

傳說有一隻神鳥因迷路降落人間，被不知情的獵人射死，於是天帝下令在正月十五放火將人類燒死，公主不忍心，告訴人們在這一天掛燈籠、放煙火，讓天帝以為人們都被燒死了。這就是元宵節習俗由來的傳說。

民間習俗有台北燈會，展出各式各樣的燈籠造型；平溪放天燈；鹽水放蜂炮。

鹽水蜂炮：清光緒年間，鹽水一代鼠疫肆虐，居民請關聖帝君繞境以驅除邪疫，沿途施放大量爆竹及煙火下走老鼠，此後，為感謝關聖帝君的神恩，鹽水人便準備蜂炮答謝神明，並紀念這一天。

春日祭

又稱春祭，每年二月四日舉行，祈求風調雨順、五穀豐收為主。源於三世紀的彌生時代，當時的日本，已有農耕生活，在春天播種前進行的祈年祭，準備飲食招待神靈，並以音樂歌舞的方式來感謝安撫神靈，因而發展出日本獨特的神道祭典，持續至今。

3

March

3/28 逾越節（猶太教）
3/28 濯足節（基督宗教）
3/29 受難日（基督宗教）
3/31 復活節（基督宗教）

逾越節

每年的三月或四月，紀念以色列人從埃及為奴的光景中獲得拯救的節期，一連七天。源起古代遊牧民族的習慣，祭獻供羔羊，將羊血灑在帳棚的木椿，以驅逐惡神，將羊肉放在火上烤熟後取食。無酵絣則是初熟的麥穗奉獻給神明，在這七天的期間只吃無酵餅。

活動：包括吃無酵餅、鹽水及苦菜、宰羔羊

4

4/4 兒童節

4/5 清明節

農曆 3/15 祖天師聖誕（道教）

農曆 3/15 保生大帝聖誕（台灣民間信仰）

農曆 3/23 媽祖聖誕（台灣民間信仰）

復活節

每年的四月左右，紀念耶穌死後三天復活，當時基督的講道吸引信徒，得罪有權勢的法利塞黨，迫使羅馬政府將耶穌釘死在十字架上。基督預言死後三日復活，證明為上帝之子，從此展開宣揚教義及建立教會的工作。

活動有望彌撒、畫彩蛋-蛋象徵耶穌走出石墓，新生命的開始祝聖麵包-耶穌是天使之糧，為永生的活糧。

5

5 月神田祭（神道教）

5 月 阿爾將祖師殉教日（錫克教）

5/1 勞動節

五月第二個禮拜天為母親節

農曆 4/4 文殊菩薩聖誕（佛教）

農曆 4/8 浴佛節（佛教）

佛誕日

每年的五月份（農曆四月初八），佛陀的母親摩耶夫人懷胎時，於藍毗尼園遊玩，生下佛陀，當時有難陀及伏波難陀龍王口吐清水，洗浴佛陀之身。

活動：浴佛法會

6

端午節

每年農曆五月五日，為紀念愛國詩人屈原的節日。因為朝中小人忌妒屈原之才，便向楚國頃襄王進讒，將屈原放逐，屈原憤而投自殺。百姓為保護屈原屍體不致受到魚蝦的傷害，故丟粽子進汨羅江餵食魚蝦。

亦有白蛇傳說，描寫白蛇化身的白素貞和許仙因一場大雨借傘而結識，並結為連理。但後來白蛇遭法海和尚收服，並鎮鋼在雷峰塔下的淒美愛情故事。

活動有划龍舟、喝雄黃酒、結艾草等。

7

July

7 月祇園祭（神道教）

8

August

8 月《古魯.格蘭特.沙伊博》慶典（錫克教）
8/8 父親節
農曆 7/15 盂蘭盆會（佛教）
農曆 7/15 中元地官節（道教）
農曆 7/18 王母娘娘聖誕（道教）

中元節

農曆七月十五日原先是祭祀祖先、追悼亡魂的日子，到東漢之後與佛教的盂蘭盆節結合。盂蘭盆節是根據佛教故事中的目蓮救母。佛祖告知須借眾僧法力，在此時供奉四方，方能解其母在地獄倒懸之苦。

習俗：

基隆中元放水燈：通告水府幽魂來享用祭品，樂隊前導繞街，誦經致祭後，放入水中，據說水燈流的越快，表示該戶人家今年的運氣越好。

宜蘭頭城搶孤：七月份鬼魂群聚，人們怕他們流連忘返，在廣場搭起高丈餘的台子，上面放滿各樣的供品，普渡四方孤魂儀式完畢後，各隊伍上場搶奪供品。鬼魂看到一群比自己還要兇猛的人，會嚇得逃開。

9

September

9/7 新年（猶太教）
9/16 贖罪日（猶太教）
9/21 住棚節（猶太教）
9/28 教師節

中秋節

農曆八月十五，又稱八月半。古時帝王有春天祭日、秋天祭月的禮制，唐代時許多文人雅士相約於中秋夜賞月，並取名為「端正月」。

嫦娥奔月傳說：遠古時期，同時有十個太陽出現在天空，曬得土地乾裂、海水枯竭，人民無以維生。后羿射下了九個太陽，造福人民，後來被人民擁戴為王，卻剛愎自用，百姓敢怒不敢言。有一天后羿到王母娘娘求長生不老藥，卻被妻子嫦娥偷偷把藥吃了，飄飄然便往月亮飛去。

「吃月餅」為中秋節的應節食品，明朝時始流行。相傳在元朝末年，漢人欲反抗蒙古人的統治，卻苦無傳遞消息的方式。於是假稱今年有多瘟，請大家買月餅吃，而月餅中藏有字條寫著：「中秋夜，殺韃子，迎義軍」，於是眾人紛紛起義，於是有了這項習俗。

10月那納克上師誕辰（錫克教）
10月底－11月中　提瓦里燈節（印度教）
10/10 國慶紀念日
10/25 臺灣光復節

猶太教新年

又稱歲首節，即猶太曆提斯利月(Tishri，元月)的第一天。每年約在年曆九月末或十月初，時序進入秋季，傳統上是猶太人反省和心靈更新的季節。

根據傳說，提斯利月的第一天就是上帝創世的日子，從這一天起，時間才開始，也是真正的新年。

新年也被稱做「吹羊角號的日子」，羊角號(Shofar)以公羊角製成的，於新年和贖罪日(Yom Kippur)的早晨在教堂吹響，以羊角聲喚醒靈魂，呼喚人們懺悔，並宣告上帝的存在和盼望已久的日子就要來臨了。羊角號發出的聲音也宣告了三種上帝的表現形式：上帝是世界之王、最高審判者以及永恆的統治者。

活動：正統派教徒在第一天下午舉行一個特別的儀式，叫做投案禮(Tashlik)，人們群集在河邊進行禱告，要求上帝寬恕他們的罪孽，象徵性地把罪孽拋入水中，第二天則是吃蘋果和蜂蜜夾心白麵包，表示在未來的一年生活是幸福和甜蜜的。

開齋節

來默丹月(Ramadan)是回曆的第九個月,整個來默丹月的白天,伊斯蘭教徒不可吃喝、抽煙、賭博、發誓、生氣、化妝、接觸異性,甚至吞嚥口水都是被禁止的。他們認為若在齋月期間遵守這些戒命,就可控制罪性、彌補他們在世所犯的罪、償還虧欠安拉的債,最後進入安拉的樂園。

於10月1日舉行「開齋節會禮」,拜前需交付「開齋捐課」,以濟貧及共同歡度節慶,完全個人之「齋」功。在這三日中,伊斯蘭教徒會天天以盛宴來慶祝來默丹月的結束,並且賙濟窮人。小孩從裡到外也都穿上父母所添購的新衣新鞋,來慶賀這節日。七十天後,則為獻祭慶典,是回曆的最大節期。

11

11月 得格‧巴哈都爾祖師殉教日(錫克教)
11/6 齋戒月(伊斯蘭教)
農曆10/15 下元水官節(道教)
11/30 修殿節(猶太教)

修殿節‧猶太教(Hanukah)

每年的11月~12月25日(猶太曆基色婁月Kislev),又稱「再獻修殿節」,為紀念西元前165年猶太人戰勝敘利亞塞流卡斯王朝並收復耶路撒冷聖殿的勝利。猶太人漸進地點燃一個八燈座的燈臺,另有一個主燈座(shammash)用來點燃其他燈火。修殿節的第一天晚上,猶太人從最右或最左邊點燃一根燈燭,之後每晚依次點燃一根,持續八天,直到八盞燈全部點燃。

修殿節燈台

活動:點燈、頌唱《萬古磐石》(Maoz tsur)的歌謠、小孩子打四面陀螺的遊戲尤其流行。

印度教‧提瓦里燈節

每年的10月至11月期間,慶典中請女財神吉祥女神(毗濕奴的妻子,優雅和魅力的化身),進入屋內,狄瓦利節與商人連結起來,成為新的會計年度,也是印度新年的開始。為求來年興旺繁榮而舉行禮拜,並交換禮物,以點燈來象徵消除災厄。

活動:點油燈(吉祥女神才不會迷路)、交換禮物、舉性禮拜。

12 月秩父夜祭（神道教）
12/5 開齋節（伊斯蘭教）
12/25 行憲紀念日
12/25 耶誕節（基督宗教）

耶誕節

每年的十二月二十五日紀念耶穌誕生於伯利恆的馬廐，象徵著人間步入光明的開始。

活動：報佳音、耶誕彌撒、裝飾耶誕樹、聖誕馬棚。

館藏：
牧羊人的崇拜 (局部)Luca Giordano, 油彩, 十八世紀

我把我的心之碗輕輕浸入這沈默的時刻中：它充滿了愛了。 --- 印度 泰戈爾。(攝於印度不丹 Thimphu Simtokha Dzong 廟。)

重要宗教節慶說明

猶太教

普珥節：感恩紀念以斯帖擊敗哈曼，解救波斯猶太人免於屠殺。

逾越節：紀念及慶祝以色列人離開埃及獲的自由。

贖罪日：直接向上帝告解懺悔，並能夠獲得赦免。

修殿節：亦稱光明節，紀念公元前165年猶太馬喀比擊敗敘利亞人，再度將耶路撒冷聖殿獻給上帝。

住棚節：為期7日的收穫節期中，參加儀式者架設棚子或帳篷，紀念以色列人逃出埃及後，上帝在荒野中對他們的照顧。

基督宗教

濯足節：紀念最後的晚餐。

受難日：紀念耶穌在十字架上的殉難。

復活節：紀念耶穌由死裡復活。

耶誕節：紀念耶穌的誕生。

道教

農曆正月十五上元天官節
農曆七月十五日中元地官節
農曆十月十五日下元水官節。
農曆二月十五日太上老君聖誕。
農曆三月十五日祖天師聖誕。
農曆七月十八日王母娘娘聖誕。

佛教

農曆四月初八浴佛節。
農曆七月十五日盂蘭盆會。

台灣民間信仰

農曆二月初二土地公聖誕。
農曆三月十五保生大帝聖誕。
農曆三月二十三媽祖聖誕。

伊斯蘭教

忠孝節：紀念亞伯拉罕犧牲祂自己的兒子伊斯瑪，這是哈吉儀式的最高潮。也稱為宰牲節。

開齋節：慶祝齋戒月開始。

印度教

寶瓶大會：是最神聖的慶典，總有數以百萬的印度教徒聚集慶祝。每隔三年的三月會舉行一次「寶瓶大會」，朝聖的範圍包括四條河川流域。

摩迦羅莎克羅提節：標明太陽直射北半球的開始，全印度人皆將身體浸泡於水中並對太陽崇拜。

侯利節：全國同慶春天和新年的到來。

濕婆神節：濕婆神的信徒在這一日中齋戒禁食並守夜不眠；他們在寺廟中搖鈴、誦經，並對濕婆靈迦獻祭禮。這個節日是慶祝濕婆完成「坦達婆」──既創造、維護與毀滅之舞。

提瓦里燈節：透過在屋宇及廟宇中閃

爍的油燈與點燃天空煙火，象徵正義的勝利和振奮憂鬱的心靈，也標明了印度新年的開始。

錫克教

哥賓德‧辛格上師誕辰：十祖哥賓德‧辛格是卡爾沙教團的創立者。

《古魯‧格蘭特‧沙伊博》慶典：紀念聖典完成於 1606 年。

阿爾將上師殉教日：五祖阿爾將於 1606 年遭賈季皇帝凌虐致死。

那納克上師誕辰：上師是錫克教的創始者，1469 年時生於現今的巴基斯坦。

得格‧巴哈都爾上師殉教日：紀念九祖得格‧巴哈都爾上師於 1675 年遭奧朗則布皇處死。

神道教

新年：在陽曆中最為重要之節慶。**春日祭**：春日神社舉行的祭典，儀式中的舞蹈為其特色所在。

神田祭：神輿的行列和滿載舞者的花車遊行東京市區，為向神田神社所供奉的諸神致敬。

祇園祭：大型花車遊行街道，大型花車上載著樂師，小型花車則有歷史人物和神話人物。

秩父夜祭：向秩父諸神表達敬意，有煙火及花車遊行。

東港王船醮的壓軸，以火祭恭送神祇重返天庭。

台灣著名宗教聖地 （因篇幅有限，僅略舉部分聖地。）

法鼓山

一九八九年於金山鄉三界村覓得一地，俯瞰似大鼓縱臥，聖嚴法師因而以「法華經」擊大法鼓之寓意，命其名為「法鼓山」。

「法鼓山」為一現代化、國際化的佛學研究中心暨禪修道場，強調硬體規劃需兼顧傳統佛教建築藝術精神，並創新現代佛教建設特色，與自然環境協調融合，是一處兼顧弘法、修行、普化、關懷、教育的國際性道場，也是建設人間淨土的基地重鎮。

艋舺龍山寺

主祀觀世音菩薩，建於西元1738年。早期漢人來台墾植因環境險惡，為求心靈安定，多攜帶家鄉廟宇香火以為庇護，龍山寺內的觀世音乃由福建省安海寺龍山寺恭請分靈而來。龍山寺總面積一千八百餘坪，座北朝南，成日字形，為中國傳統宮殿建築。特別是屋頂的部分，以吉祥動物的造型，加上傳統工藝剪黏和交趾陶手法製成，為台灣剪黏藝術的精華。西元1985年政府將之列為國家古蹟。每年觀世音菩薩聖誕（農曆二月十九日）、成道（農曆六月二十九日）及出家（農曆九月十九日）都會舉行祭典。

桃園縣

新竹市

新竹縣

城隍廟

苗栗縣

行天宮

行天宮，奉祀武聖恩主，分別為文衡聖帝關羽、孚佑帝君呂洞賓、先天豁落靈官王善、九天司命真君張單、精忠武穆王岳飛，為宏揚關帝聖教五倫八德的地方，故行天宮又稱恩主公廟。創建者為黃欉居士，規定不得有個人崇拜、不得有偏行功利、不得有商業色彩的管理規則，展現其正信的特色。每年農曆六月二十四日關聖帝君誕辰皆會舉行隆重的獻禮。三月及九月春秋兩季，舉行祈安大法會，亦稱拜斗，是行天宮十分有特色的祭典。

台中縣

基隆開基老大公廟

開基老大公廟與基隆中元祭有密切的關聯，主要祭拜埋葬於老大公墓的無主孤魂。由於民國七年老大公墓被迫廢去，地方善心人士建議遷墓至現址，中元祭也於此延續舉行。每年的農曆七月一日舉行中元開龕門的儀式，即俗稱的「開鬼門」，為廟中主要的重頭戲，象徵迎請先靈走出鬼門關，接受陽間的奉祀。開基老大公廟可說是維繫這類人鬼關係的重要廟宇。

北部

十八王公廟

台北縣

台北市

基隆市

世界宗教博物館

靈鷲山無生道場

位於台北縣貢寮鄉，面對太平洋，山勢宛如大鵬展翅。創辦人釋心道法師，西元 1948 年誕生於緬甸，後定居台灣並成為佛教徒，1983 年在靈鷲山進行兩年斷食閉關，出關後體悟「修行離不開生活與人群，唯有行菩薩道才有成就究竟佛果」，於是創建靈鷲山無生道場，以獨樹一幟的「生活禪」弘法。本著生活就是道場的精神，帶領大眾精進修行以累積善緣福報，並為了謀求世界和平而創辦世界宗教博物館。

台北清真寺

台北清真寺建於民國 47 年，是由中、沙政府及伊斯蘭教國際友邦協助興建而成。該寺高聳特殊的建築及優美的庭園，被視為台北市重要的景觀地標，也是在台穆斯林之重要信仰中心、及伊斯蘭教國際友邦領袖來台訪問之重要行程。

台北清真寺設計及施工係參照教法及阿拉伯建築，共包含圓頂禮拜大殿、洗淨水房、禮堂、辦公室、圓柱拱環長廊、喚拜尖塔及庭園圍籬等，建築壯觀宏偉。其中尤以挑高 15 米大跨距之圓頂大殿以及兩座高逾 20 米之喚拜塔樓最為突出。

聖家堂

位於大安森林公園對面的聖家堂，於 1952 年在安東街開堂，現在的聖家堂則為第三座堂，建於 1962 年，1965 年落成駐聖啟用。聖家堂以帳棚式的建築法，挑高 63 英呎，寬 61 英呎，堂內無樑柱為其建築特色。外觀呈現十字架型，象徵著基督的救贖。

2000 年 12 月 1 日聖家堂彩繪玻璃窗啟用，闡述聖經故事，並兼具採光的實用性及塑造教堂氛圍的藝術性。（此玻璃係 1878 年由法國名藝術家李維克所創作，原放於比利時耶穌會教堂）

清宮

道教總廟三清宮，建於宜蘭縣冬鄉的山麓，面對梅花湖，依山傍，環境清幽。主祀道教無極界最的三位天尊，分別為玉清-原始尊、上清-靈寶天尊、太清-道德尊，統稱三清三寶道祖，又稱三寶天，故名為三清宮。

大甲鎮瀾宮

　　鎮瀾宮建於清雍正十年，清乾隆二十五年擴建，原由湄洲嶼人林永興來台謀生隨身所帶的媽祖神像，後因有求必應，參拜者越來越多。每年八天七夜北港進香活動，更是使鎮瀾宮聲望日升的重要原因。

八卦山

台中市

苗栗縣

台中縣

彰化縣

南

文武廟

雲林縣

北港朝天宮

　　雲林縣北港，舊稱笨港，朝天宮初創於1964年，主祀媽祖，由當時佛教臨濟宗第三十四代禪師從湄洲天后宮恭迎來台，直至1730年廟宇完成。廟內保存相當多的珍貴文物，最具特色的龍虎門內的藻井，可說是台灣第一座長枝藻井，型態為八角造型，整座藻井組合完全不需釘子，極富巧思及創意。每年媽祖誕辰祭皆舉行繞境祭拜活動。

中部

慈濟靜思精舍

　位於花蓮，由證嚴法師於1966年成立。證嚴法師出生於台中縣清水鎮，因親罹患急病而發願茹素。父親過世後，證嚴法師首度接觸佛法。二十五歲那年自行落髮，並堅持禪宗「一日不做，一日不食」的信念，本著誠正信實的精神，並從每人每日捐五角錢開始，結合社會資源及眾人力量，從事社會救助等工作，為享譽國際的慈善團體。

花
蓮
縣

花蓮慈惠堂

　慈惠堂建於1962年，主祀瑤池金母娘娘，在全省設有千餘所的分堂，花蓮的石壁部堂的拜斗會，是公認最講究及合乎科儀的法會。另外，每日下午三點三十分受理服務信眾的「牽亡」，三十餘年來不曾中斷，形成該所的特色。每年有下列幾個重要的祭典：農曆二月十八日聖地慈惠堂總堂堂慶、農曆七月二十四日超渡法會、農曆九月初一至九日拜斗、農曆十一月十三日該堂堂慶。

中台禪寺

　位於南投山區，為惟覺老和尚創建。惟覺老和尚初時專修淨土，師承虛雲和尚，三十餘歲在十方大覺寺剃度，體驗淨土的本質──「唯心淨土」。因感於世風日下，需宏揚佛法以清人心，故於南投中台山擴建道場接引眾生，創建了中台佛學院，經常舉辦各種課程及法會，每逢寒暑假提供適合各階層人士的禪七課程。

台南鹽水武廟

台南武廟為鹽水鎮的公廟之一，據石碑記載創建於西元1655年，主祀關聖帝君，廟內有三公尺長的樑籤，為台灣僅存兩支樑籤之一。廟內現存台灣關聖帝君雕塑、三川廟門的石獅、麒麟浮雕古香爐等，都是百年歷史的珍貴古物。武廟是鹽水人世代的信仰中心，名聞遐邇的鹽水蜂炮即由武廟所主辦。

嘉義市

台南縣

台南市

縣

佛光山

佛光山位於高雄縣大樹鄉，由開山法師星雲大師與弟子們於民國五十六年破土動工。佛光山這塊土地的取得，緣於星雲大師幫助經商失敗的年輕人而購得，日後，大師的學生利用假日進行開發，從佛學院開始到今日的規模。

主要的服務項目包括醫療服務、輔導教化及慈善關懷三大領域，展現佛教無我的境界。

高雄道德院

為台灣首創的道教佈道所，主祀道教三位天尊及清華大帝，由郭藏應領導信徒設立，秉持老子思想不與人爭，處世任天而動，有如「天上台星，應變無停」，因此老子亦有應變師的稱號。道德院背倚獅山、面對金獅湖，為獅喉的所在地，與附近的澄清湖相望，風景秀麗。院內目前有道學講習、道教法事科儀班、道經編輯等課程。

高雄市

玫瑰聖母堂

位於高雄的玫瑰聖母堂，為天主教在台灣的第一座教堂，由道明會教士郭德剛神父發起。始建於清咸豐九年（西元1859），以紅磚、咕咾石及混合三合土砌造。後因信徒增加，教堂不敷使用，於1931年重建完成，屬西方式傳統教堂建築特色。

南部

台
東
縣

屏東東隆宮

東隆宮位於屏東縣東港鎮，與王爺信仰有密不可分的關係。約建於清康熙年間，因有王爺居住於此，東港興隆有望，所以命名為東隆宮。1974年被列為屏東縣古蹟。主祀溫府千歲，本名為溫鴻，為唐代貞觀年間的進士，在一次巡狩途中，不幸意外沉船，此後歷代皆建廟祭祀。每三年一度的平安祭典，其中燒王船的儀式最為著名。平安祭典原本屬於地區性祭典，王船在1973年之前，只是以竹為骨架，外以紙糊，後來改為木製王船，隨著經濟發展、媒體報導以及系統性的規劃，逐成為本地祭典的重要標誌。

屏東萬金堂

萬金堂位於屏東縣萬巒村，由道明會教士郭德剛神父創建於西元1861年，擴建於1865-1870年，以碎石、石灰、蜂蜜、木棉及火磚等混合建造，令中外人士讚嘆不已。外觀類似西班牙碉堡的造型，並有道明會的標誌。曾獲教宗若望保祿二世敕封，1984年內政部亦將萬金堂定為三級古蹟。當地居民絕大多數信仰天主，為屏東地區天主教的重要信仰中心。

鄰近博物館介紹

樹火紀念紙博物館

為紀念長春棉紙廠負責人陳樹火夫婦於廣州白雲機場空難罹難，經過五年的籌備，成立樹火紀念紙博物館，於民國八十四年正式對外開放，成為一座具台灣本土特色的紙博物館。觀眾除了可以藉由展示瞭解紙的歷史、運用及製作方式外，還能在館方精心設計的教學活動中，實地體驗紙的製造過程，並可以將紙製成品帶回家。

電話：02-25075539

鴻禧美術館

成立於民國八十年，以陶瓷、鎏金佛像、書畫、雅趣品錄等四大類為主，從新石器時代到乾隆時期，約有三千多件。藏品瓷器的收藏最為完整，對於想了解中國陶瓷的人極有幫助。

電話：02-23569575

淡水河

基隆河

大漢溪

新店溪

北投
石牌
明德
芝山
士林
劍潭
圓山
民權西路
雙連
中山
台北車站
台大醫院
中正紀念堂
古亭
頂溪
永安市場
景安
南勢角
新店

●世界宗教博物館
永和

台灣民俗北投文物館

　　成立於民國七十三年，館舍為仿唐式二層樓建築，建於民國十年，原為日本軍事官俱樂部，現為台北市市定三級古蹟，館藏品以台灣民俗文物、原住民文物及傳統織繡品為主。另設有茶藝館及民俗藝品區。

電話：02-28912318

順益原住民博物館

民國八十三年開館，以收藏、研究、展示台灣原住民文化為主，館舍為參考原住民房屋形式所設計四樓建築，展示主題分別就台灣原住民的概況、原住民的生活、原住民的信仰等方面，引導觀眾認識台灣原住民。更提出獎學金、部落合作等辦法，加強與原住民之間的互動，並以教育推廣的方式，促進各族群間相互瞭解及尊重。

電話：02-28412611

國立故宮博物院

為世界排名十大博物館之一，以中國歷代宮廷藏品為主，珍藏青銅器、書畫、陶瓷等近七十萬件，縱貫約中華文化七千年。平日除了展覽外，寒暑假舉辦文物研習營，並設有圖書文獻館，收藏相關文、史、哲、藝術的書籍供查詢。為瞭解中國藝術的重鎮。

電話：02-28812021

坪林茶業博物館

建於民國八十六年，館舍採閩南安溪的四合院建築形式，內容包含古今中外茶業發展的歷史、產茶及製茶的過程及茶的民情風俗等，並不定期的舉辦相關活動，另有茶葉品茗區，提供觀眾戶外品茗的好地方。

電話：02-26656035

台灣宗教聖地地址與電話

宗教單位	地址	電話
佛光山	高雄縣大樹鄉佛光山寺	07-6561921 -8
慈濟	花蓮市中央路三段 703 號	03-8266779
靈鷲山	台北縣貢寮鄉福連村香蘭街 7 之 1 號	02-24991100
法鼓山	台北縣金山鄉三界村七鄰半嶺 14-5 號	02-24987171
聖家堂	台北市大安區新生南路二段 50 號	02-23212444
玫瑰聖母堂	高雄市苓雅區五福三路 151 號	07-2214434
三清宮	宜蘭縣冬山鄉得安村（梅花湖）三清路 123 號	03-9515135
艋舺龍山寺	台北市廣州街 211 號	02-23025162
行天宮	台北市民權東路二段 109 號	02-25031831
北港朝天宮	雲林縣北港中山路 178 號	05-7832055
台北清眞寺	台北市新生南路二段 62 號	02-23948390
花蓮慈惠堂	花蓮市國福里 11 鄰 119 號	03-8570910
屏東萬金堂	屏東縣萬巒鄉萬金村萬興路 24 號	08-7832005
屏東東隆宮	屏東縣東港鎮光復路	08-8322961
基隆老大公廟	基隆市樂一路 76 巷 37 號	02-24273596
台南鹽水武廟	台南縣鹽水鎮武廟路 87 號	06-6521264

圖片索引

＊其餘圖片均爲世界宗教博物館之館藏資料

宗博實用實用參關指南

世界宗教博物館

◎ 地址：234台北縣永和市中山路一段236號7樓
　　電話： (02) 82316699
　　會員專線： (02) 82316789
　　傳真： (02) 82315966
　　網址：http://www.mwr.org.tw
　　* 本館位於太平洋百貨雙和店樓上

◎ 開放時間：10:00AM-18:00PM
　（週五、週六及國定假日前一日
　　延長開至21:00）
　　週一休館，如逢國定假日照常開館。

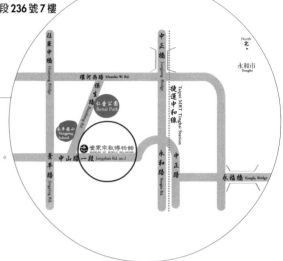

展示廳入場券收費表			華嚴世界	售票時間	開放時間
票種	全票	優待票	單一票價	週二、週四及週日	週二、週四及週日
個人	**250元**	**200元**	**50元**	9:50-17:30	10:50-18:00
團體	**200元**	**160元** 學生團體 **130元**	**50元**	週五、週六及國定 假日及補假前一日 9:50-20:30	週五、週六及國定 假日及補假前一日 10:00-21:00
適用對象	一般觀眾	如備註	所有觀眾		
備註	免費票範圍(不包括華嚴世界)： 1. 身高110公分以下幼童 2. 本館會員 3. 持有殘障手冊者 4. 七十歲以上長者			優待票範圍： 1. 中華民國博物館學會會員 2. 國際博物館協會(ICOM) 會員 3. 110公分以上兒童 4. 國小(含)以上學生 5. 軍警 6. 團體票人數必須20人以上方可優待	

* 若有修正，依館方最新公佈為準

◎ 交通

公車 706、297、275 副線、51、於保生路口下車，步行即達；243 於『仁愛公園』下車，往南至保生路口左轉，步行 10 分鐘即達。

＊捷運南勢角線於『頂溪站』下，

1. 轉乘公車 706、297、51、橘 3、243。

2. 步行至本館，約需 15-20 分鐘。

＊建議搭乘大眾捷運系統，避免塞車、停車的困擾！

◎ 定時導覽

每日 14:00，參加觀眾請先於 7 樓服務台登記，後至金色大廳集合。

團體導覽請於一星期前預約。

◎ 無障礙服務

館內設置無障礙電梯，兩部備有輪椅，提供免費借用服務。

◎ 嬰兒車服務

本館備有嬰兒車，提供免費借用服務。

◎ 教育服務

本館提供學校、社區、課程、演講、研討會等館外服務。

◎ 宗教學園、特展區、會議室。

提供租借服務

◎ 特展區

位於 6 樓的特展區，不定期提供多樣的展示主題。

◎ 本館設有餐廳，提供餐飲服務

◎ 本館設有禮品中心，提供紀念品販售服務。

◎ 觀眾注意事項

1. 為表現典雅之國民風範，請勿著汗衫、拖鞋等入館。

2. 為維持優良之參觀品質，館內請勿大聲喧嘩。

3. 請勿攜帶寵物入館。

4. 本館全面禁煙及禁止嚼食檳榔、口香糖等。

5. 除在餐廳即本館指定之餐飲區外，本館全面禁止飲食。

6. 凡持大背包者，請轉交寄物處保管或放至於投幣式儲物箱。

7. 非經本館同意，請勿在館內攝影、錄音及錄影；嚴禁於影片放映中進出宇宙創世廳或華嚴世界。

8. 參觀展區時請關閉手機，以免影響其他觀眾。

＊世界宗教博物館誠摯歡迎您，並珍惜任何使我們更好的寶貴意見。

參考書目

* 《世界宗教博物館規劃報告》
* 《大不列顛百科全書》／丹青圖書有限公司
* 《超越迷惘--法句經》、《開拓宇宙觀--華嚴經》／松原泰道著／心靈雅集編譯小組譯／
  大展出版社有限公司
* 《神話》、《千面英雄》／喬瑟夫.坎伯著／朱侃如譯／立緒文化事業有限公司
* 《西藏生死書》／索甲仁波切著／鄭振煌譯／張老師文化公司
* 《蘇菲的世界》／喬斯坦.賈得著／蕭寶森譯／智庫股份有限公司
* 《中國創世神話》／牟鐘秀、陶陽著／東華書局
* 《先知》／紀伯倫著／王季慶譯／純文學出版社
* 《泰戈爾全集》／泰戈爾著／江南出版社
* 《貝多芬九大交響曲解說》／Charles O'Connel 著／楊明光譯／天同出版社
* 《色彩的魅力》／李蕭錕著／漢藝色研文化事業有限公司
* 《猶太五千年的智慧》／馬文.托卡雅著／林鬱譯／新潮社文化事業有限公司
* 《我生命中的書》／亨利.米勒著／陳蒼多譯／新雨出版社
* 《世界名言賞讀集錄》／曲彥斌編著／台灣先智出版事業股份有限公司
* 《伊斯蘭教藝術》／中華民國阿拉伯文化經濟協會
* 《宜蘭》/遠流出版公司
* 《宗教與生命禮俗》/靈鳩山文教基金會/內政部
* 《祀天祭地》/李秀娥、謝宗榮/台灣閱覽室
* 《歐洲神話宗教之旅》/紅山雪夫/精英出版社
* 《台灣媽祖廟閱覽》/李世偉、王見川/台灣閱覽室
* 《探討台灣民間信仰》/董芳苑/常民文化
* 《古蹟入門》/李乾朗、俞怡萍/遠流出版社
* 《北港朝天宮志》/蔡相/北港朝天宮委員會
* 《東港迎王》/李豐楙/台灣學生書局
* 《穆罕默德聖訓集》/蕭永泰發行/中國回教青年會
* 《宗教與生命禮俗》/靈鷲山般若文教基金會/靈鷲山般若文教基金會
* 《羅馬-永恆之城》/圖利奧 波利多里/
* 《頭城搶孤》/頭城鎮公所/宜蘭縣政府
* 《歐洲建築工藝之旅》/紅山雪夫/精英出版社
* 《中國陰陽節令搜奇》/王世禎/武陵出版社
* 《台灣傀儡戲》/江武昌/精英出版社
* 《台灣藝陣傳奇》/黃文博/台原出版社
* 《台灣的布袋戲》/劉還月/台原出版社
* 《布袋戲筆記》/呂理政/台灣風物出版社
* 《國際鬼靈信仰特展》/基隆縣政府
* 《音樂與色彩療法》/Mary Bassano 著/徐文譯/世界文物出版社

後記

　　設計師曾問心道法師，他希望民眾參觀博物館之後能獲得什麼樣的感覺？師父的回答是「祝福！」

　　義大利導演費里尼曾說：「每部電影都有一顆天上的明星在護祐著。」我驚喜於此書自有它極佳的緣份，許多珠玉之星以實際的熱情來協助它的完成。感謝心道法師和了意法師對我的信任，感謝陳德光教授與江韶瑩老師細心的審定與指導，感謝劉其偉老師、馬天賜神父與鄭石岩老師惠予推薦，感謝攝影師張蒼松、黃丁盛、李信男、楊光武及各單位所提供的精彩圖片，感謝敏眞在整個成書過程中的大力奔走，感謝楡鑑與淑珍創造了如此美好的版面設計，感謝欣蕾、建鈞、慧雯他們是此書得以順利呈現的最大幕後功臣，感謝上帝的保佑！希望我沒有誤解您的話語，書中的疏漏完全是我個人的不足。撰寫此書，實讓我獲益良多。

　　是我在說話嗎？我不也是個聽者？─紀伯倫

　　我以最潔淨虔誠的心為您祝福。

　　「我相信你的愛」，以這句話作為此書的結語。　　　　

2001.10.23

國家圖書館出版品預行編目

心領神會：體驗世界宗教博物館 / 陳世賢編著.
－初版. －臺北縣永和市：世界宗教博物館基金會.
2001〔民2001〕90
180面 ； 15 x 21公分
參考書目1面
ISBN 957-97653-1-6 （平裝）

1. 世界宗教博物館

206.8   90018616

《心領神會－體驗世界宗教博物館》

發行人／楊麗芬（釋了意）

作者／陳世賢

顧問／江韶瑩

審訂／陳德光

總編輯／陳世賢

編輯／楊欣蕾、王建鈞

版面構成／舞陽美術

美術總監／邱榆鑑

美術主編／張淑珍

美術編輯／王佳恩、吳家俊、杜詠芬

攝影／黃丁盛、張蒼松、楊光武、李信男、陳世賢

印刷／日動藝術印刷有限公司

發行所／財團法人世界宗教博物館發展基金會附設出版社

地址／234台北縣永和市中山路一段236號7樓

電話／02-82316699

傳真／02-82315966

網址／www.mwr.org.tw

ISBN／957-97653-1-6

出版／2001年11月初版

定價／450元